KB262748

바로 한국어 문법 6

Get It Korean Grammar

이정희 | 김중섭 | 조현용 | 김성용 | 권오희 | 안도연 | 김세화

Hawoo Publishing Inc.

머리말

최근 한국어교육에서 가장 눈에 띄는 변화는 한국어 학습 수요 계층의 다양화라고 할 수 있습니다. 이러한 변화에 따라 다양한 학습자의 학습 목적과 요구에 따른 교재 개발이 필요하다고 생각하였고 학습자의 요구에 따라 언어 기능을 선택-집중하게 함으로써 학습자의 내적 동기를 강화하고 나아가 자기 주도적인 학습을 가능하게 하는 것을 목표로 이 교재를 개발하였습니다.

한국어교육 현장에서 가장 널리 쓰이고 있는 기능(skills) 통합형 교재는 '말하기, 듣기, 읽기, 쓰기' 기능을 통합적으로 제시함으로써 효율적인 교수-학습을 유도하고 나아가 균형적이고 종합적인 언어 능력 발달을 이루는 것을 목표로 하고 있습니다. 그러나 실제 현장에서는 말하기와 듣기와 같은 구어 의사소통 능력을 지나치게 강조함으로써 읽기나 쓰기에는 충분한 시간을 할애하지 못하거나 읽기나 쓰기 기능은 말하기, 듣기 기능의 보조적인 기능으로서 인식되어 온 것이 사실입니다.

한국어 기능 분리형 교재는 네 가지 언어 기능을 독립적으로 제시하여 학습자가 해당 언어 기능에 초점을 두고 언어가 사용되는 실제 환경에 몰입하여 해당 기능을 분명하게 이해하고 표현하는 데에 도움을 줄 것 입니다. 또한 학습자의 학습 목적과 요구에 따라 언어 기능을 선택하고 집중하게 함으로써 좀 더 효과적인 한국어 학습을 가능하게 할 것입니다. 교수자의 측면에서는 그간 통합 교재에서 소홀히 여겨진 각각의 언어 기능에 대한 전문화된 교수 능력을 제고하게 될 것이며 나아가 기능별 언어 교육 전문가를 양성함으로써 국내외 한국어 교육의 새로운 전환점이 될 것으로 기대합니다.

초급 단계에서의 한국어 기능 분리 교재는 처음 시도되는 바, 부족하거나 목표한 바를 충분히 담아 내지 못한 경우도 있을 것입니다. 언어 기능 분리를 시도하였으나 각 기능 간 유기적인 연계를 확보하기 위해 노력하였고 난이도, 빈도 등을 고려하여 문법과 어휘를 배열하였습니다. 특히 국립국어원에서 발간한 『국제통용 한국어 교육 표준 모형』에 기반하여 언어의 요소와 의미·기능을 배치하여 한국어 교육의 표준적인 내용을 담아내고자 하였습니다. 또한 기능(functions)과 주제가 단순히 나열되는 것이 아니라 순환되는 구조를 가지되 중복을 피하고자 노력하였습니다. 그리고 학습자의 학습에 대한 동기와 흥미가 유지될 수 있도록 사진, 삽화 등을 배열하는 데에도 각별히 신경을 썼습니다.

총 30권의 책을 만들어낸 집필진들의 노력이 학습자와 교수자 모두에게 실질적인 도움이 되기를 바랍니다.

교재 집필진 일동

일러두기

이 책은 언어 기능(skills) 분리형 교재 중 '문법' 6단계 교재이다. 이 책에서는 비슷한 의미나 문법적 특징을 갖는 문법 항목들을 범주화하여 제시하고 있다. 그 이유는 유사한 범주로 묶어서 대비하여 기술하는 것이 학습자가 이해하는 데 좀 더 효율적이기 때문이다.

이 책은 각 의미나 문법 범주를 대표하는 문법 항목을 토대로 그 범주에 속하는 유사한 문법 항목들을 비교·대조하여 학습자가 문법의 의미 차이를 이해하고 유사한 의미를 나타내는 여러 표현을 의미 맥락에 맞게 구별하여 사용할 수 있도록 하였다.

이 책은 문법 항목별로 설명과 예문을 함께 제시하여 학습자가 이해하는 데 도움이 되게 하였다. 또한 연습 단계에서도 고급 수준의 문장이나 담화 텍스트를 제시하여 담화 이해 능력과 구성 능력을 향상시킬 수 있게 하였다.

이 책은『국제 통용 한국어 교육 표준 모형 개발 2단계』의 고급 단계 문법 항목 중 유용한 문법 표현을 8개의 범주로 구성하여 제시하였고 이전 단계에서 제시된 문법 항목 중 범주의 기준이 되거나 비교가 될 만한 문법 표현도 함께 제시하였다.

준비

목표 범주의 의미를 유추해 보는 단계로 이 단계를 통해 목표 범주에 속하는 문법 표현이 공유하는 특성에 대해 생각해 볼 수 있음. 삽화, 사진과 같은 시각 자료나 청각 자료를 제시함.

설명

목표 문법의 의미를 제시하는 단계로 문법의 의미, 통사, 화용적 특징을 기술함. 또한 담화 맥락에 따른 의미를 제약과 함께 다루어 목표 문법의 사용 환경을 이해할 수 있게 함. 예문은 고급 단계의 특성에 맞추어 2~3개 절을 포함한 복문으로 제시하였고 내용적으로는 해당 문법의 특성에 맞추어 일상적인 것부터 정치, 경제, 사회, 문화에 이르기까지 다양한 화제를 아우르고자 하였음.

연습

목표 문법을 내재화하는 단계로 문법의 쓰임을 이해하는 연습부터 해당 문법을 대화나 담화 맥락에서 사용하는 활용 연습까지 단계적으로 확장함.

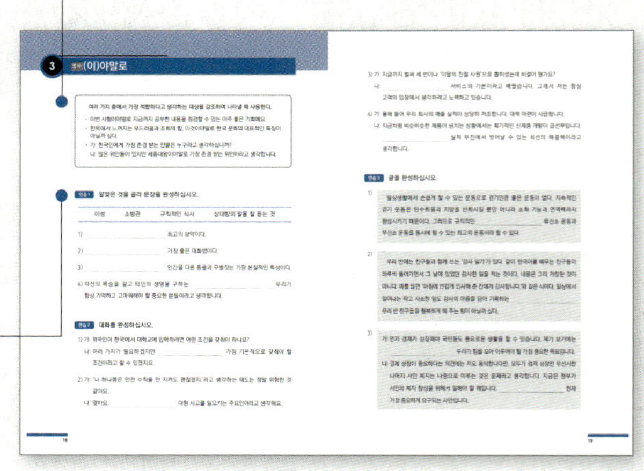

이 책의 사용

이 책은 교실 수업용 교재로 개발되었으나 교사의 설명이나 도움 없이도 학습이 가능하도록 쉽고 상세한 설명과 다양한 연습 활동을 제공하였다.

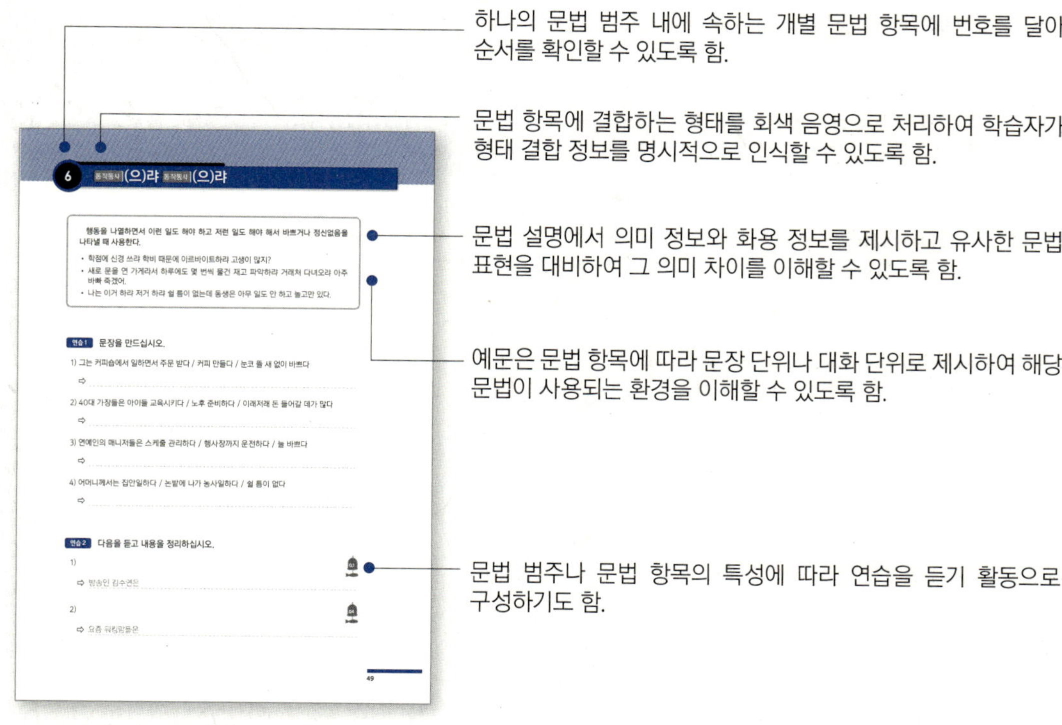

하나의 문법 범주 내에 속하는 개별 문법 항목에 번호를 달아 순서를 확인할 수 있도록 함.

문법 항목에 결합하는 형태를 회색 음영으로 처리하여 학습자가 형태 결합 정보를 명시적으로 인식할 수 있도록 함.

문법 설명에서 의미 정보와 화용 정보를 제시하고 유사한 문법 표현을 대비하여 그 의미 차이를 이해할 수 있도록 함.

예문은 문법 항목에 따라 문장 단위나 대화 단위로 제시하여 해당 문법이 사용되는 환경을 이해할 수 있도록 함.

문법 범주나 문법 항목의 특성에 따라 연습을 듣기 활동으로 구성하기도 함.

차례

문법 5

문법 6

등장인물 소개

빌리 미국에서 온 학생
한국어와 한국 문화에 관심이 많고
한국 친구들이 많음.

리사 일본에서 온 학생
학교 근처 하숙집에 살고 있으며
성격이 좋아서 여러 나라 친구들과
잘 지냄.

칼리드 사우디아라비아에서 온 학생
한국어 공부를 마치고 나서
공과 대학에 진학할 계획임.

올가 러시아에서 온 학생
한국 남자 친구가 있고
한국어를 열심히 공부하고 있음.

다니엘 프랑스에서 온 학생
패션에 관심이 많고 쇼핑을 좋아함.

왕밍 중국에서 온 학생
한국의 전통문화에 관심이 많음.

호세 멕시코에서 온 학생
스포츠에 관심이 많음.

나타폰 태국에서 온 학생
한국 드라마를 좋아함.

정유진 경희대학교 학생

리사의 한국인 친구이며
성격이 활달하고 여행을 좋아함.

박지훈 경희대학교 학생

빌리의 한국어 도우미이며
한국 생활과 한국어 공부를
도와주고 있음.

이민호 한국어 교사

엄격한 편이지만 유머 감각이 있어
학생들이 좋아함.

김수현 한국어 교사

친절하고 다정해서 학생들에게
인기가 많음.

크리스 영어 교사

호주에서 왔고 성격이 활발하며
한국 문화에 관심이 많음.

제시카 회사원

미국에서 왔고 리사와 같은
하숙집에 살며 여행을 좋아함.

칸 회사원

인도에서 왔고 제시카와 같은
회사에서 일하며 등산이 취미임.

최수지 회사원

칸과 제시카의 회사 동료로
유학 경험이 있어 외국인 친구가
많음.

1

화제 표현

명사 은/는
명사 (이)란
명사 (이)야말로
명사 (이)야

 다음 이야기를 완성하십시오.

옛날 어느 시냇가에 엄마 개구리와 아들 개구리______ 살았습니다. 아들 개구리______ 엄마 개구리가 말을 하면 언제나 반대로만 행동하는 말썽꾸러기였습니다. 엄마 개구리는 무척 속이 상했지요. 하지만 엄마 개구리______ 아들 개구리가 언젠가는 착한 개구리______ 될 것이라고 믿었습니다.

화제가 되는 대상을 나타낼 때 사용한다. 주로 소개나 설명을 할 때 쓴다.

- 춘향전은 한국을 대표하는 고소설로 조선 후기 전라도 남원이 배경이다.
- 세계 4대 문명은 황허 문명, 메소포타미아 문명, 이집트 문명, 인더스 문명이다.
- 이번 채용박람회에서는 당일 현장 면접을 통해 채용 여부를 결정할 예정입니다.

앞에서 언급한 대상을 다시 말할 때 사용한다.

- 옛날 어느 마을에 마음씨 착한 할아버지가 살고 있었어요. 할아버지는 바다에서 고기를 잡는 어부였어요.
- 오른쪽에 보이는 건물이 중앙도서관인데요, 저 건물은 1968년에 건축되었습니다.
- 지난 토요일 시청 앞 광장에서 시민 음악회가 개최되었다. 이번 음악회에는 국내외 유명 음악가들이 대거 참여했다.

대립되는 대상을 대조하거나 구별할 때 사용한다.

- 회의 날짜는 20일로 변경되었으나 시간 및 장소는 종전과 동일합니다.
- 여기가 평일에는 이렇게 한산해도 주말에는 관광객들로 발 디딜 틈이 없어요.
- 현행 업무 평가 방식을 면밀히 분석하여 장점은 살리고 단점은 보완하는 과정이 필요하다.

안은문장의 주어는 '명사 은/는'을, 안긴문장의 주어는 '명사 이/가'를 주로 사용한다.

- 우리는 지훈이가 꽤 유명한 소설가라는 사실을 전혀 모르고 있었다.
- 입안에 퍼지는 숭늉의 고소함은 한국 사람의 마음에서 느껴지는 순박함과 닮아 있다.
- 내가 좋아하는 사람은 서로 아무 말 없이도 편안하게 같이 있을 수 있는 사람이다.

  알맞은 것을 연결하여 문장을 완성하십시오.

1) 설탕 · · 19세기 영국 사립학교 기숙사 방의 정원과 관련이 있다.

2) 인터넷 · · 몸속에 있는 비타민 B군을 파괴하기 때문에 너무 많이 섭취하면 건강에 좋지 않다.

3) 입술의 주름 · · 자유롭고 독창적이며 진취적인 작품들을 많이 만나 볼 수 있을 것이다.

4) 한 팀의 축구 선수가 11명인 것 · · 1960년대에 군사적인 목적으로 개발된 것이 시초라고 한다.

5) 이번 국제영화제 · · 사람마다 다르고 거의 변하지 않아서 지문처럼 사람을 식별하는 데 이용되기도 한다.

1) ____

2) ____

3) ____

4) ____

5) ____

  문장을 완성하십시오.

1) 옛날 깊은 바닷속에 용왕이 살고 있었어요. _______________ 오랫동안 큰 병을 앓고 있었어요.

2) 대통령은 연봉을 얼마나 받을까? _______________ 나라마다 다르기는 하지만 통계적으로 보면 대개 그 나라 국민 평균 수입의 10배 정도가 된다고 한다.

3) 인간의 피부 속에는 아무 색깔도 없는 '크로모겐(chromogen)'이라는 색소가 있다. _______________ 자외선에 노출되면 황갈색이나 검은색의 멜라닌 색소로 바뀐다.

4) 지난 15일 경희대학교 국제교육원에서는 '세계 외국인 한국어 말하기 대회'가 개최되었다. 이번 _______________ 38개국 1,300명의 외국인들이 참가했다.

 문장을 완성하십시오.

1) 여자가 남자보다 추위에 강한 것은 여자의 지방 조직이 더 두껍기 때문이다. 성인 여자는 지방 조직이 14mm 정도인 반면 ___________________ 약 6mm밖에 안 된다.

2) 도시는 좁은 땅에 많은 사람이 살고 있어서 인구 밀도가 높지만 ___________________ 넓은 땅에 비교적 적은 사람이 살고 있기 때문에 상대적으로 인구 밀도가 낮다.

3) 적당한 스트레스는 긴장감을 형성해서 일에 도움이 되지만 ___________________ 몸과 마음을 모두 지치게 만든다.

4) 좋아하는 음식만 먹고 ___________________ 안 먹는 식습관으로 인해 영양 상태의 심각한 불균형이 초래되었다.

5) 학기 중에는 수업과 과제에 치여서 여행을 한 번도 못 갔지만 ___________________ 시간이 많으니까 전국의 유명한 관광지를 두루 찾아다닐 계획이다.

 알맞은 것을 고르십시오.

1) 오늘은 금요일(은, 이) 아니라 목요일이에요.

2) 빌리(는, 가) 리사(는, 가) 화내는 이유를 알 수 없었다.

3) 사장(은, 이) 직원들(은, 이) 바로 회사의 주인이라고 강조했다.

4) 국회의원(은, 이) 하는 일 중에서 가장 중요한 일(은, 이) 새로운 법을 만드는 일입니다.

5) (제가, 저는) 요즘 가장 즐겨보는 방송(은, 이) '끝없는 도전'이라는 예능 프로그램입니다.

 알맞은 것을 고르십시오.

1)

　전국 남녀 2,000여 명을 대상으로 한국인(은, 이) 좋아하는 요일에 대해 설문 조사를 실시했다. 설문 조사 결과, 한국인이 가장 좋아하는 요일(은, 이) 금요일로 40%의 지지를 얻어 압도적인 1위를 차지했다. 한국인이 금요일을 좋아하는 이유(는, 가) 주말에 대한 기대감으로 인해 편안하고 행복한 기분이 들기 때문인 것으로 나타났다. 이 때문에 '불금(불타는 금요일)'이라는 말이 생겨났을 정도이다.

2)

　발표를 준비할 때 가장 먼저 고려해야 할 요소는 청중입니다. 발표자(는, 가) 자신의 발표를 듣게 될 청중(은, 이) 누구인지 사전에 조사해야 합니다. 그리고 청중에게 필요한 내용이 무엇인지, 어떤 이야기(는, 가) 청중의 관심을 끌 수 있을 것인지에 대해 잘 생각해서 발표를 준비해야 합니다. 청중이 청소년인데 발표의 주제가 '노후 대책'이라면 그 발표(는, 가) 좋은 발표가 되기 힘들 것입니다.

메모

'명사 (이)라고 하는 것은'의 뜻으로 설명할 대상을 가리켜 화제로 나타낼 때 사용한다. 주로 단어의 의미를 정의할 때 쓴다.

- 묵은지란 오랫동안 숙성되어 푹 익은 김장 김치를 가리킨다.
- 내공이란 무예 따위를 오랜 기간 숙련해서 다져진 힘과 기운을 일컫는 말로, 오랜 기간의 경험을 통해 쌓은 능력이라는 의미도 있다.
- 훈남이란 '훈훈한 남자'의 준말인데 '보는 사람으로 하여금 흐뭇하고 따뜻한 기분을 느끼게 하는 매력적인 남자'라는 의미를 가지고 있다.
- 나에게 행복이란 하루를 마치고 집에 들어섰을 때 풍기는 고소한 된장찌개 냄새이다.

연습 1 〈가〉와 〈나〉에서 알맞은 것을 골라 문장을 완성하십시오.

가	새터민	반려동물	새집 증후군	디지털 치매

나
- 사람이 정서적으로 의지하고자 가까이 두고 기르는 동물을 말한다.
- 새로 지은 건물의 건축 재료에서 나오는 물질들로 인해 두통이나 피부염 등이 유발되는 것을 일컫는다.
- 컴퓨터나 휴대 전화 등 다양한 디지털 기기에 의존한 나머지 기억력이나 계산 능력이 크게 떨어지는 것을 뜻한다.
- '새로운 터전에서 삶을 시작하는 사람'이라는 뜻인데, 북한에서 남한으로 이주해 온 주민을 가리키는 용어로 사용되고 있다.

1)
2)
3)
4)

 문장을 완성하십시오.

1) ___________________________ 어느 한 지역에서만 사용하는, 표준어가 아닌 말을 가리킨다.

2) ___________________________ '자기를 가르쳐 주는 사람'이라는 뜻으로 이 말에는 감사와
존경의 마음이 담겨 있다.

3) ___________________________ 어린이를 위하여 지은 이야기를 말하는데 대부분 교훈적인
내용으로 되어 있다.

4) ___________________________ 공식적인 만남을 두루 일컫는 말인데 일상에서는 주로 '결혼을
앞둔 여자와 남자의 가족이 공식적으로 인사를 나누고 결혼에 대해 상의하기 위해 만나는
것'이라는 의미로 많이 사용한다.

연습3 보기 와 같이 아래의 단어에 대해서 자신만의 정의를 내려 보십시오.

보기 음악: 나에게 음악이란 내가 외롭거나 힘들 때 나를 위로하는 가장 좋은 벗이다.

1) 책　　 : ____

____

2) 꿈　　 : ____

____

3) 학　교: ____

____

4) 첫 사 랑: ____

____

5) 스마트폰: ____

____

6) (　　) : ____

____

여러 가지 중에서 가장 적합하다고 생각하는 대상을 강조하여 나타낼 때 사용한다.

- 이번 시험이야말로 지금까지 공부한 내용을 점검할 수 있는 아주 좋은 기회예요.
- 냉혹한 직장 현실에 대한 사실적이고 구체적인 묘사, 이것이야말로 이 작품이 많은 사람들에게 공감을 얻은 이유가 아닐까 싶다.
- 가: 한국인에게 가장 존경 받는 인물은 누구라고 생각하십니까?
  나: 많은 위인들이 있지만 세종대왕이야말로 가장 존경 받는 위인이라고 생각합니다.

연습1 알맞은 것을 골라 문장을 완성하십시오.

이성	소방관	규칙적인 식사	상대방의 말을 잘 듣는 것

1) _______________________ 최고의 보약이다.

2) _______________________ 가장 좋은 대화법이다.

3) _______________________ 인간을 다른 동물과 구별짓는 가장 본질적인 특성이다.

4) 자신의 목숨을 걸고 타인의 생명을 구하는 _______________________ 우리가 항상 기억하고 고마워해야 할 분들이라고 생각합니다.

연습2 대화를 완성하십시오.

1) 가: 외국인이 한국에서 대학교에 입학하려면 어떤 조건을 갖춰야 하나요?

   나: 여러 가지가 필요하겠지만 _______________________ 가장 기본적으로 갖춰야 할 조건이라고 할 수 있겠지요.

2) 가: '나 하나쯤은 안전 수칙을 안 지켜도 괜찮겠지.'라고 생각하는 태도는 정말 위험한 것 같아요.

   나: 맞아요. _______________________ 대형 사고를 일으키는 주요인이라고 생각해요.

3) 가: 지금까지 벌써 세 번이나 '이달의 친절 사원'으로 뽑히셨는데 비결이 뭔가요?

　　나: ____________________ 서비스의 기본이라고 배웠습니다. 그래서 저는 항상
　　　　고객의 입장에서 생각하려고 노력하고 있습니다.

4) 가: 올해 들어 우리 회사의 매출 실적이 상당히 저조합니다. 대책 마련이 시급합니다.

　　나: 지금처럼 비슷비슷한 제품이 넘치는 상황에서는 획기적인 신제품 개발이 급선무입니다.
　　　　____________________ 실적 부진에서 벗어날 수 있는 최선의 해결책이라고
　　　　생각합니다.

연습 3 글을 완성하십시오.

1)
　　　　일상생활에서 손쉽게 할 수 있는 운동으로 걷기만큼 좋은 운동은 없다. 지속적인
걷기 운동은 탄수화물과 지방을 산화시켜 비만을 예방할 뿐만 아니라 소화 기능과
면역력까지 향상시키기 때문이다. 그러므로 규칙적인 ____________________
별다른 비용을 들이지 않고도 건강을 지킬 수 있는 최고의 운동이라 할 수 있다.

2)
　　　　우리 반에는 친구들과 함께 쓰는 '감사 일기'가 있다. 같이 한국어를 배우는 친구들이
하루씩 돌아가면서 그 날에 있었던 감사한 일을 적는 것이다. 내용은 그리 거창한 것이
아니다. 예를 들면 '아침에 반갑게 인사해 준 칸에게 감사합니다.'와 같은 식이다. 일상에서
일어나는 작고 사소한 일도 감사의 마음을 담아 기록하는 ____________________
우리 반 친구들을 행복하게 해 주는 힘이 아닐까 싶다.

3)
　　가: 먼저 경제가 성장해야 국민들도 풍요로운 생활을 할 수 있습니다. 제가 보기에는
　　　　____________________ 우리가 힘을 모아 이루어야 할 가장 중요한 목표입니다.
　　나: 경제 성장이 중요하다는 의견에는 저도 동의합니다만, 모두가 경제 성장만 우선시한
　　　　나머지 서민 복지는 나중으로 미루는 것은 문제라고 생각합니다. 지금은 정부가
　　　　서민의 복지 향상을 위해서 일해야 할 때입니다. ____________________ 현재
　　　　가장 중요하게 요구되는 사안입니다.

말하고 싶은 대상을 한정하여 표현할 때 사용한다. '다른 것(사람)은 몰라도 명사 은/는 당연히'라는 의미가 있다.

- 가: 김민수 대리님 결혼식에 우리 사무실에서는 누가 가는지 혹시 아세요?

  나: 다른 사람은 몰라도 박 대리님이야 절친한 사이니까 아마 가실 거예요.

- 가: 이사 도와줘서 정말 고마워. 너 없었으면 나 혼자서는 도저히 못 했을 거야.

  나: 다른 건 몰라도 힘 쓰는 일이야 자신 있으니까 내 도움이 필요하면 언제든지 불러.

- 가: 이번 주말에 집들이를 하는데 무슨 음식을 준비하는 게 좋을까? 불고기 괜찮으려나?

  나: 불고기야 다들 좋아하니까 괜찮겠지.

어떤 대상에 붙어 화자가 그 대상을 대수롭지 않게 여기고 있음을 나타낼 때 사용한다.

- 가: 어제 약속 취소해서 너무 미안해요. 저 때문에 영화도 못 보고….

  나: 영화야 다음에 보러 가면 되죠. 그나저나 몸은 좀 어때요?

- 가: 언니, 나 내일 친구들이랑 놀러 가기로 했는데 모자랑 카메라 좀 빌려줄 수 있지?

  나: 모자야 빌려줄 수 있지만 카메라는 새 거라서 절대 안 돼.

- 남이야 어떻게 되든 자기만 잘 살면 된다는 생각은 매우 이기적이다.

연습1   알맞은 것을 골라 대화를 완성하십시오.

나	편의점	제시카 씨	부모님 선물

1) 가: 이렇게 이른 시간에 문 연 가게가 있을까?

   나: 다른 덴 몰라도 _________________ 문을 열었겠지.

2) 가: 과장님, 혹시 제시카 씨하고 칸 씨를 잘 아세요?

   나: _________________ 같은 부서니까 잘 알지만 칸 씨는 잘 몰라요.

3) 가: 곧 있으면 아버지 생신인데 무슨 선물을 드려야 좋을지 고민이야.

   나: _________________ 용돈 넉넉하게 드리는 게 최고지.

4) 가: 오늘 저녁에 나랑 뮤지컬 보러 안 갈래? 표가 두 장 생겼거든.

   나: ＿＿＿＿＿＿＿＿＿＿＿＿ 좋지. 나 공연 보는 거 좋아하잖아.

  대화를 완성하십시오.

1) 가: 시험 망쳐서 너무 속상해. 난 노력해도 안 되나 봐.

   나: 그깟 ＿＿＿＿＿＿＿＿＿＿＿＿＿ 잘 볼 때도 있고 못 볼 때도 있는 거지. 너무 그러지 마.

2) 가: 어머님께서 입원하신 지도 한 달이 넘었지요? 경제적인 부담도 적지 않으시겠네요.

   나: 네. 좀 그렇긴 하지만 어머니께서 다시 건강해질 수만 있다면 ＿＿＿＿＿＿＿＿＿＿
   얼마가 들어도 괜찮을 것 같아요.

3) 가: 이 시계 말이야. 너무 오래돼서 이제 고치지도 못할 것 같은데 왜 안 버려?

   나: 그거 선물로 받은 시계거든. ＿＿＿＿＿＿＿＿＿＿＿＿＿ 못 쓰게 되면 버릴 수도
   있겠지만 다른 사람한테서 선물로 받은 물건은 쉽게 못 버리겠어.

4) 가: 친척 어른들 잔소리 때문에 스트레스 받아. '취직은 언제 할래?', '빨리 결혼해라.', 왜
   그런 말씀들을 그렇게 쉽게 하실까?

   나: 어디에서 보니까 어른들도 오랜만에 만나서 반가운데 무슨 말을 해야 할지 몰라서
   그러시는 거래. 그렇게 ＿＿＿＿＿＿＿＿＿＿＿ 한 귀로 듣고 한 귀로 흘려버려야지 뭐.

  글을 완성하십시오.

1)
가: 이 스마트폰은 화면 크기가 너무 작은 것 같은데 사용할 때 안 불편해?

나: ＿＿＿＿＿＿＿＿＿＿＿＿＿ 익숙해져서 괜찮은데 배터리가 너무 빨리 닳아서
불편해. 배터리 아껴 쓰느라고 제대로 사용하지도 못하거든.

가: ＿＿＿＿＿＿＿＿＿＿＿＿＿ 하나 더 사서 휴대용으로 가지고 다니면 되지.

2)

가: 나 내일은 수업에 좀 늦을 것 같은데 선생님이 물으시면 일이 있어서 늦는다고 말해 줄 수 있어?

나: ____________________________ 내가 대신 해 줄 수 있지. 그런데 너 무슨 안 좋은 일이라도 있는 거야?

가: 아니, 그런 건 아니고. 소포 부칠 게 있어서 우체국에 들렀다 가야 되거든. 그러면 한 시간 정도는 늦을 것 같아서.

나: ____________________________ 수업 끝나고 가도 되지 않을까? 이제 곧 시험인데 수업 빠지면 안 좋을 것 같아.

메모

2

의존명사 구성

준비 다음 단어들을 비슷한 특성을 지니는 것끼리 묶고 그 이유를 설명하십시오.

대개는 그렇지 않지만 의외로 앞말의 사실 또는 동작이 일어나거나 생기는 경우가 있음을 나타낼 때 사용한다. 나쁜 일이 생기는 경우가 있음을 말할 때는 경고의 의미를, 뜻밖의 좋은 일이 생기는 경우가 있음을 말할 때는 위로, 희망 등의 의미를 나타낸다.

- 무리해서 운동을 하다가는 도리어 건강을 해치는 수가 있다.
- 원숭이도 나무에서 떨어지는 수가 있다잖아요. 자신 있더라도 끝까지 긴장을 풀지 마세요.
- 가벼운 근시의 경우, 나이가 들어 노안이 오게 되면 시력이 좋아지는 수도 있다고 한다.

연습1 알맞은 것을 골라 문장을 완성하십시오.

베이다	나타나다	왜곡되다	큰코다치다	튀어나오다

1) 감기라고 우습게 봤다간 _______________________________. 오늘은 너무 무리하지 마세요.

2) 사실에 기반한 통계나 여론 조사도 사용자의 의도에 따라 _______________________.

3) 주의하지 않으면 종이에도 손을 _______________ 조심하세요.

4) 간혹 본의 아니게 상처를 주는 말이 _______________ 그럴 때는 바로 사과하는 것이 좋다.

5) 자동차 사고가 나면 당시에는 아무렇지 않은 것 같아도 나중에 증상이 _______________ 꼭 그날 바로 병원에 가 보셔야 합니다.

연습2 대화를 완성하십시오.

1) 가: 서울까지 아직 멀었는데 벌써 길이 막히면 어떻게 하지? 제시간에 도착할 수 있을까?

   나: 너무 걱정 마세요. 이렇게 길이 막히다가도 _______________________.

2) 가: 소방서나 114 같은 곳으로 장난 전화를 거는 사람이 있대.

   나: 그러게. 도대체 왜 그런 장난을 하는지 모르겠어. 가볍게 넘어가는 경우도 많지만

      잘못하면 ____.

3) 가: 김민철 선수는 실력이 워낙 뛰어나니까 이번 시합에서도 쉽게 금메달을 따겠지요?

   나: 그래도 국제 대회니 쉽지는 않겠지요. 다른 선수들도 실력이 뛰어날 테니 조금이라도

      방심했다간 금메달은커녕 ________________________________.

4) 가: 안개가 많이 껴서 정상에 올라가도 아무것도 볼 수 없을 것 같은데요?

   나: 거의 다 올라갈 때까지 하늘이 흐리다가도 ________________________________.

      그러니까 우리도 희망을 가지고 끝까지 가 봅시다.

5) 가: 발표 준비하느라 벌써 이틀째 잠을 제대로 못 자고 있어.

   나: 그래도 잠은 자면서 해야지. 그렇게 무리하다가 ________________________________.

메모

동사 (으)ㄴ/는/(으)ㄹ 데

앞말이 가리키는 장소나 부분 등을 나타낼 때 사용한다.

- 지금 사는 데는 너무 멀어서 학교에서 가까운 데로 이사하려고 합니다.
- 그 친구, 겉보기와는 달리 소박한 데가 있어.
- 이 집은 음식도 맛있고 가게도 깨끗하고 주인도 친절해서 나무랄 데가 없어요.

앞말이 가리키는 일이나 상황, 사실을 나타낼 때 사용한다. 이때는 주로 '-(으)ㄴ/는 데'를 쓴다.

- 콘서트의 수익금은 어려운 가정의 아이들을 돕는 데 썼습니다.
- 1층에서 7층까지 걸어서 올라가는 데에는 이삼 분이면 충분해요.
- 그가 철학을 전공하게 된 데는 박 교수님의 조언이 결정적인 영향을 미쳤다.

연습 1 알맞은 것을 골라 문장을 완성하십시오.

닮다	들르다	손보다	흠잡다
가고 싶다	마음 붙이다	눈치 보이지 않다	논리적이지 못하다

1) 나는 가다가 잠시 ________________________ 있으니까 너 먼저 가.

2) 이 논문의 마지막 장은 앞 장과는 달리 ________________________ 있다.

3) 이번 휴가에 어디로 가고 싶어? ________________________ 말해 봐.

4) 음료 한 잔만 시켜 놓고 오래 앉아 있어도 ________________________ 가자.

5) 그 사람은 착하고 성실한 데다가 일도 잘해. 정말 ________________________ 없어.

6) 두 사람은 쌍둥이라서 그런지 외모는 물론이고 성격도 ________________________ 참
많은 듯해요.

7) 집이 오래돼서 그런지 겉으로 보기에는 별 문제가 없어 보이지만 ________________________
꽤 있네.

8) 할아버지가 돌아가시자 할머니는 ____________________ 필요하다시며 고양이를
키우기 시작하셨다.

 보기 와 같이 문장을 바꾸십시오.

> 보기 이 책의 목적은 여기에 있다.
> 학생들이 스스로 공부하는 힘을 키우도록 하다
> ⇨ 이 책의 목적은 학생들이 스스로 공부하는 힘을 키우도록 하는 데 있다.

1) 그는 말하기 대회 상금으로 받은 돈을 몽땅 여기에 썼다.
   읽고 싶었던 책을 사다
   ⇨ ____________________

2) 지휘자 김비조 씨는 여기에 많은 시간과 노력을 쏟고 있다고 합니다.
   대중이 부담 없이 클래식 음악을 접하도록 하다
   ⇨ ____________________

3) 제가 며칠 동안 여기에 집중하느라 다른 원고를 쓸 시간이 없었습니다.
   학생들의 고민을 상담하다
   ⇨ ____________________

4) 이번 세계 도시 기후 회의는 기후 문제의 완벽한 해결보다는 여기에 목적이 있다.
   세계 각지의 상황을 파악하다
   ⇨ ____________________

5) 신축 도서관의 깨끗한 시설이 이 일에 큰 역할을 한 것으로 보인다.
   도서관 이용자를 늘리다
   ⇨ ____________________

6) 여기에서 인생의 즐거움과 행복을 찾는 사람들도 적지 않다.
   먹고 싶은 것을 먹다
   ⇨ ____________________

7) 이렇게 된 것에는 떨어져 지냈던 시간이 크게 작용하지 않았을까 싶다.

   우리가 헤어지다

   ⇨

8) 그가 경제를 활성화한 것은 인정하지만 이 일에 대해서는 비판을 할 수밖에 없다.

   언론의 자유를 억압하다

   ⇨

연습 3   문장을 만드십시오.

1) 수분 섭취 / 눈의 피로를 덜어 주다 / 도움이 되다

   ⇨

2) 성별 / 사람의 능력을 파악하다 / 꼭 필요한 정보는 아니다

   ⇨

3) 비타민 'B12' / 적혈구를 만들다 / 없어서는 안 될 필수 비타민이다

   ⇨

4) 그 사람 / 어려운 사람을 돕다 / 인색하다

   ⇨

5) '아침형' 인간 / 야간 근무를 하다 / 어려움을 느끼다

   ⇨

6) 한 연구팀 / 갑작스러운 온도 변화에도 김이 서리지 않는 유리를 개발하다 / 성공하다

   ⇨

7) 발명의 가치 / 사람들의 삶에 긍정적인 변화를 주다 / 있다

   ⇨

8) 올해 월급 / 지난해보다 2퍼센트가량 오르다 / 그치다

   ⇨

  알맞은 것을 고르십시오.

1) 손을 조금 다쳤지만 글씨를 (쓰는데, 쓰는 데) 지장은 없어요.

2) 중고 제품이지만 (사용하는데, 사용하는 데) 문제가 없어서 구매했어요.

3) 나는 궁금해서 (묻는데, 묻는 데) 상대방은 내 질문에 답을 하지 않고 딴소리만 한다.

4) 저와 제 룸메이트는 3년 동안 같은 기숙사에 (사는데, 사는 데) 한 번도 싸운 적이 없어요.

5) 국회와 공무원 노조 등 관계자들이 공무원 연금 보험료를 (올리는데, 올리는 데) 합의했다.

6) 그 집 아이들은 악기를 다루고 예술을 (이해하는데, 이해하는 데) 특별한 재능이 있는 듯하다.

7) 직장인들이 스마트폰으로 앱을 사용하거나 기사를 (보는데, 보는 데) 하루 평균 5.2시간을 보내고 있다는 조사 결과가 나왔다.

메모

앞말의 내용을 전체적으로 받아 그 내용 자체를 나타낼 때 사용한다. 격식적인 상황이나 문어에서 주로 쓴다.

- 한 학기 동안 느낀 바를 이야기해 보세요.
- 저는 이번 사건에 대해 아는 바가 전혀 없습니다.
- 그 사람이 누구를 좋아하는지는 우리가 간섭할 바가 아니다.

과거에 그러한 일을 한 적이 있거나 없음을 말할 때 '-(으)ㄴ 바(가) 있다/없다'를 쓴다.

- 우리 대학 연구팀은 인터넷 사용이 우울증 발생률을 높인다는 연구 결과를 발표한 바 있다.
- 그는 고객의 개인 정보 파일을 빼돌린 바가 없다고 주장했다.

'몸 둘 바를 모르다', '어찌할 바를 모르다'의 형태로 고맙거나 기쁜 상황, 미안하거나 당황스러운 상황에 대한 감정을 강조할 때 사용한다.

- 과한 칭찬에 생각지도 못한 선물까지 받으니 고마움에 몸 둘 바를 모르겠어요.
- 그는 자기의 초창기 작품이 전시장에 걸린 것을 보고 부끄러워 어찌할 바를 몰랐다.

연습1 알맞은 것을 골라 문장을 완성하십시오.

알다	바라다	결정되다	밝혀지다	주장하다

1) 다음 글을 읽고 저자가 _______________ 한 문장으로 요약하시오.

2) 누가 물건을 훔쳐갔는지 아직 아무것도 _______________ 없습니다.

3) 정부는 연금 개혁에 대하여 아직 _______________ 없다는 말만 반복하고 있다.

4) 형제들이 사이좋게 지내는 것이야말로 부모님께서 진심으로 _______________ 이다.

5) 김제운 씨는 회사의 비자금 장부에 대해 _______________ 전혀 없다며 혐의를 부인했다.

연습2 알맞은 것을 골라 문장을 완성하십시오.

다를 바 없이	말씀드린 바와 같이
연구한 바에 따르면	모르는 바는 아니지만

---

1) 그 사람은 큰돈을 번 후에도 전과 ＿＿＿＿＿＿＿＿＿＿ 검소한 삶을 살고 있다.

2) 앞에서도 ＿＿＿＿＿＿＿＿＿＿ 우리 회사는 직원들의 정년을 보장하고
   있습니다.

3) 그쪽 회사의 상황이 어렵다는 것을 ＿＿＿＿＿＿＿＿＿＿ 저희도 사정이
   어려우니 이달 안에 빌려간 돈은 꼭 좀 갚아 주시기 바랍니다.

4) 우리 대학 연구팀이 십 년간 ＿＿＿＿＿＿＿＿＿＿ 매주 환자 모임에 참여한
   말기 암환자는 치료만 받은 환자에 비해 두 배 이상 오래 살았다고 한다.

연습3 알맞은 것을 골라 문장을 완성하십시오.

내 알 바가 아니다	몸 둘 바를 모르다
시사하는 바가 크다	맡은 바 책임을 다하다

---

1) 무슨 일이든 맡겨 주시면 ＿＿＿＿＿＿＿＿＿＿.

2) 누가 이번 행사의 책임자가 되든 그것은 ＿＿＿＿＿＿＿＿＿＿. 나는 그저
   내 할 일만 열심히 할 뿐이다.

3) 아직 저는 한국어 실력이 부족한데 선생님께서 이렇게 많이 칭찬해 주시니 기쁘기도 하고
   부끄럽기도 해서 ＿＿＿＿＿＿＿＿＿＿.

4) 최근에는 함께 일하는 직원들과 행복을 공유하는 것을 회사의 이윤만큼 중요하게 여기는
   회사가 늘고 있다. 이러한 회사들의 성공은 우리에게 ＿＿＿＿＿＿＿＿＿＿.

> 보기　　지난여름에도 줄무늬 원피스가 이미 한 차례 인기를 끈 일이 있다.
>
> ⇨ **지난여름에도 줄무늬 원피스가 이미 한 차례 인기를 끈 바 있다.**

1) 총무부에서는 컴퓨터 교체를 요청한 일이 없다고 합니다.

　⇨ ____

2) 박 선생님은 작년에도 '나는 무엇을 먹는가?'를 주제로 발표 수업을 진행한 일이 있다.

　⇨ ____

3) 저는 이 회사에 지원하기 전에 전자 회사에서 이 년간 일한 경험이 있습니다.

　⇨ ____

4) 이 지역은 몇 년 전에도 발전소 건설을 둘러싸고 정부와 주민들 간에 갈등을 빚은 일이 있다.

　⇨ ____

5) 다니엘은 재미있는 내용과 유창한 한국어로 지난 말하기 대회에서 인기상을 받은 경력이 있다.

　⇨ ____

6) 김도준 선수는 지난 인터뷰에서 자신이 결승전에 오르면 경기장에서 춤을 추겠다고 약속한 일이 있다.

　⇨ ____

7) 콜먼 교수는 10년 전 한 보고서를 통해, 머지않아 저출산으로 인한 인구 소멸 국가가 나올 것이라고 경고한 적이 있다.

　⇨ ____

 알맞은 단어를 골라 '-(으)ㄴ/는/(으)ㄹ 바 있다/없다'와 '-(으)ㄴ/는/(으)ㄹ 데'를 사용하여 문장을 완성하십시오.

| 다르다 | 마감하다 | 선언하다 | 소개하다 | 소통하다 | 생산하다 |

1)   소극장 '담'은 시설 면에서는 여느 소극장과 ＿＿＿＿＿＿＿ 이곳에서는 연극 공연뿐 아니라 음악 공연도 정기적으로 열린다. 아담한 공간이 만들어 내는 분위기 덕분에 연주자가 관객과 직접 ＿＿＿＿＿＿＿＿ 적합하다는 소문이 나면서 이곳에서 연주회를 열고 싶어 하는 연주자가 점점 늘고 있다.

2)   '안락사'가 고통 없는 죽음을 중요하게 여긴다면 '존엄사'는 인간답게 생을 ＿＿＿＿＿＿＿＿ 초점을 맞추고 있다. 최근 암으로 시한부 인생을 선고받은 외국의 젊은 여성이 무의미한 연명 치료를 중단하겠다고 ＿＿＿＿＿＿＿＿.

3)   '물 발자국(water footprint)'이란 하나의 제품을 ＿＿＿＿＿＿＿＿ 얼마나 많은 양의 물이 들어갔는지 보여 주는 지표로, 네덜란드의 한 교수가 2002년에 ＿＿＿＿＿＿＿＿. 예를 들어 125ml짜리 커피 한 잔의 물 발자국은 132l인데 이는 원두 재배 단계에서 잔에 담기기까지 전 과정을 고려한 것이다.

'-(으)ㄹ 리(가) 없다'는 앞말의 일이 일어날 까닭이나 가능성이 없음을 확신에 찬 어조로 말할 때 사용한다. '없다' 대신 '만무하다'나 '있다'의 되묻는 형태를 쓰기도 한다.

- 그렇게 오래 같이 지냈으니 내가 자기를 좋아하는 것을 눈치 채지 못했을 리가 없어.
- 노력하지 않는 사람에게 좋은 기회가 찾아올 리 만무하다.
- 고등학교까지 졸업한 사람이 구구단을 모를 리가 있겠어요? 잠깐 헷갈렸겠지요.

'-(으)ㄹ 법도 하다'는 앞말의 일이 충분히 일어날 만함을 나타낼 때 사용한다.

- 그런 말을 들었으니 화가 날 법도 하지요.
- 내일부터 연휴라 기분이 좋을 법도 한데 과제를 생각하면 마냥 좋아할 수만도 없네요.
- 짧은 기한 내에 프로젝트를 마쳐야 했으니 스트레스를 받았을 법도 한데 팀원들은 모두 별 탈 없이 잘 해냈다.

연습 1　　**보기** 와 같이 문장을 바꾸십시오.

> **보기**　　다른 사람은 몰라도 그 친구가 늦지는 않을 거야.
>
> ⇨ **그 친구가 늦을 리가 없어.**

1) 하루 24시간 중 열두 시간을 일하니 삶에 여유가 없는 것은 너무나 당연하다.

⇨ ____

2) 강이 이렇게 오염되었는데 식수라고 안전하겠습니까?

⇨ ____

3) 소식 빠른 동네 사람들이 두 사람의 연애 이야기를 못 들었겠어요?

⇨ ____

4) 기득권을 가진 사람들이 자신의 것을 순순히 내놓지 않을 것은 너무나 뻔하다.

⇨ ____

5) 내가 그 아이를 만난 것이 25년 전의 일이니 그 아이가 나를 기억하지 못할 게 뻔하다.

⇨ ____

6) 국민을 존중하지 않는 정치인에게서 올바른 정책이 나올 가능성은 전혀 없습니다.

⇨ ____

연습 2 '-(으)ㄹ 법도 한데'를 사용하여 문장을 완성하십시오.

1) 이십 년이 지났으니 _______________________ 그 친구는 아직도 저를 기억하고
있더라고요.

2) 부산에서 아침 먹고 출발했으니 이미 _______________________ 왔다는 연락이
없네.

3) 그렇게 큰 무대에 서면 _______________________ 아이는 차분한 태도로 연주를
시작했다.

4) 두 시간 넘게 등산을 했으니 _______________________ 아이들은 피곤한 기색
없이 신나게 재잘대고 있다.

5) 십여 년이 넘도록 잘 되지 않았으면 _______________________ 그는 작가가
되겠다는 꿈에 계속 도전하고 있다.

연습 3 대화를 완성하십시오.

1) 가: 상민이랑 지수랑 헤어졌대.

나: 에이, _______________________. 어제도 둘이 팔짱 끼고 밥 먹으러 가는
걸 봤는걸.

2) 가: 자, 닭이랑 인삼은 물론이고 밤, 대추도 듬뿍 넣었어. 어때? 맛있지?

나: 이 정도 재료를 넣었으면 _______________________ 이건 참 뭐라고
설명하기 애매한 맛인데.

3) 가: 아무래도 나타폰은 안 올 모양이에요. 벌써 20분이나 지났잖아요. 우리끼리 가죠.

    나: 좀 기다려 봐요. 나타폰이 연락도 없이 _______________________________. 무슨

    사정이 있을 거예요.

4) 가: 학교 앞이 많이 바뀌었네. 예전에 있던 가게들은 거의 다 없어진 것 같아.

    나: 우리가 졸업한 지 벌써 20년이 넘었잖아. _______________________________.

5) 가: 요즘 너희 부서 분위기가 왜 그렇게 이상해?

    나: 한 달 동안 준비해 온 프로젝트가 취소됐거든. 분위기가 _______________________?

메모

3

부가·나열 표현

동사 거니와, 동사 (으)ㄹ뿐더러
명사 이자
명사 은/는 물론이고, 명사 은/는 고사하고
동작동사 는 한편
동사 (으)ㄴ가/는가 하면
동작동사 (으)랴 동작동사 (으)랴
동사 (으)니/느니 동사 (으)니/느니

 여행 작가가 되면 어떤 점이 좋을까요?

좋은 점 1	현지인들과 어울리면서 그들의 생활을 직접 경험할 수 있다.
좋은 점 2	
좋은 점 3	

앞말의 상황에 더해 뒷말의 상황도 있음을 나타낼 때 사용한다. '-거니와'가 '-(으)ㄹ뿐더러'에 비해 예스러운 표현이다.

- 리사 씨는 일도 잘하거니와 대인 관계도 좋아서 사람들에게 인정을 받습니다.
- 처음 창업을 했을 때는 내가 어리기도 했거니와 경험도 없어서 단기간의 실적만 중요하게 생각했다.
- 이번 소프트웨어 개발은 손쉬운 것이 아닐뿐더러 인원도 부족해서 시간이 얼마나 걸릴지 가늠하기 어렵다.
- 대관령에서 진행된 촬영은 일정도 빠듯했을뿐더러 장소도 깊은 산골이어서 배우와 스태프들이 모두 무척 고생했습니다.

앞말에 나오는 명사가 반복되어 ' 명사 도 명사 (이)려니와'의 형태로도 사용된다

- 날씨도 날씨려니와 몸 상태도 안 좋아서 일을 할 수 없었어요.
- 비용도 비용이려니와 부작용도 만만치 않아서 수술을 결정하기가 어려웠다.
- 대우도 대우려니와 민주적인 의사 전달 체계가 마음에 들어서 그 회사를 선택하게 되었습니다.

연습1 　알맞은 것을 연결하여 문장을 만드십시오.

1) 폭력은 옳은 일도 아니다 ・　　・ 재미있기도 해서 청중들에게 인기가 많다

2) 생활 법률에 대한 강연은 유익하기도 하다 ・　　・ 오히려 문제를 악화시키는 원인이 되기도 하다

3) 미술 교육은 아이들의 감수성도 길러 주다 ・　　・ 재산 피해도 입었다고 하니 큰일이다

4) 이번 사고로 인해 부상자도 속출하다 ・　　・ 기침을 진정시켜 주는 성분도 들어 있어 감기 증상에 효과가 있다

5) 유자에는 비타민C 성분도 풍부하다 ・　　・ 숨어 있던 잠재력과 재능을 이끌어 내는 데도 큰 도움이 되다

1) _______________________________________

2) _______________________________________

3) _______________________________________

4) ....

5) ....

 　보기　와 같이 대화를 완성하십시오.

> 　보기　 가: 물건이 꽤 무거운데 택배로 보낼 수 있을까요?
>
> 　나: 글쎄요. **무게도 많이 나가거니와** 크기도 너무 커서 택배로 보내기가 쉽지 않겠어요.
> **무게도 무게려니와**

1) 가: 새로 나온 컴퓨터의 부팅 속도가 많이 빠르던데요.

　나: .... 데이터 저장 공간도 많이 늘어났더라고요.

2) 가: 다음 달에 결혼식이 있지요? 이제 청첩장을 다 돌려야겠네요.

　나: .... 이것저것 신경 써야 할 것이 많아서 결혼 준비를 제대로 할 수 있을지 걱정이네요.

3) 가: 선배님, 올해 교환 학생 프로그램에 지원하려고 하는데요. 대학교 성적이 좋아야 되죠?

　나: 그럼. .... 자기소개서와 수학 계획서도 구체적으로 써야 돼.

4) 가: 신문에서 보니까 이번 대량 리콜 사태로 A사의 손해액이 300억 이상이나 된다던데요.

　나: .... 이번 일로 고객에게 신뢰도 잃어서 타격이 클 것 같아요.

  대화를 완성하십시오.

1) 가: 야외 연주회에 사람들이 예상보다 많이 올 것 같은데 공연 장소는 괜찮겠어?

  나: 문제없을 거야. 내가 미리 가 봤는데 사진보다 ＿＿＿＿＿＿＿＿＿＿＿

    주변에 편의 시설도 잘 갖추어져 있어서 좋을 듯해.

2) 가: 교수님께서 요약 과제로 내 준 책을 읽어 봤는데 이해하기가 쉽지 않더라.

  나: 그러게. ＿＿＿＿＿＿＿＿＿＿＿＿＿＿＿ 분량도 만만치 않던데 어떡하지?

3) 가: 이번 광고 공모전에 출품하지 않는다면서? 응모 마감이 얼마 남지 않았다더니 그래서

    포기한 거야?

  나: ＿＿＿＿＿＿＿＿＿＿＿＿＿＿＿ 출품 조건도 까다롭더라고. 그래서 좀 더

    준비해서 다음 기회에 출품하기로 했어.

4) 가: 굳이 경기장에 갈 필요가 있을까? 편하게 소파에 앉아서 중계방송 보면 되잖아.

  나: 직접 가면 ＿＿＿＿＿＿＿＿＿＿＿＿＿ 사람들이랑 같이 응원하면서

    소속감도 느낄 수 있는데 그냥 텔레비전으로만 보라고?

＿＿＿＿＿＿＿＿＿＿＿＿＿＿＿＿＿＿＿＿＿＿＿＿＿＿＿＿＿＿＿

메모

어떤 대상이 동시에 가지고 있는 두 가지 특성을 연결할 때 사용한다. 격식적인 상황이나 문어에서 주로 쓴다.

- 율곡 이이는 한국의 대표적인 사상가이자 정치가입니다.
- 배려란 이기적인 마음을 버리려는 태도이자 상대방을 이해하려는 의지이다.
- 모든 일에 늘 신중하게 접근하는 것이 그의 가장 큰 장점이자 단점이다.

연습1 알맞은 것을 하나씩 골라 문장을 완성하십시오.

강점	시작	책임	끝	약점	의무
독서 공간	우리 사회의 희망		휴식처	국가의 미래	

1) 서로에 대한 믿음은 인간관계의 ＿＿＿＿＿＿＿＿＿＿＿＿＿＿＿＿＿＿ 이다.

2) 서울시에서 운영하는 북카페(book cafe)는 시민들의 ＿＿＿＿＿＿＿＿＿＿＿(으)로 사랑받고 있습니다.

3) 양질의 프로그램을 제작하는 것이야말로 방송 프로듀서의 ＿＿＿＿＿＿＿＿＿＿ 이다.

4) 경험이 없는 젊은 선수들을 대표팀에 대폭 선발한 것은 ＿＿＿＿＿＿＿＿＿＿(으)로 작용할 가능성이 있다.

5) ＿＿＿＿＿＿＿＿＿＿＿＿＿＿＿＿ 인 아이들이 올바르게 성장하려면 부모의 무한한 애정과 관심이 무엇보다 중요하다.

 알맞은 것을 골라 글을 완성하십시오.

| 동료 | 경쟁자 | 교육 공간 | 실내 놀이터 |

1)

아이들이 즐겁게 뛰어놀 수 있는 ________________ 다양한 체험 교육을 받을 수 있는 ________________ (으)로 키즈카페(kids cafe)가 주목을 받고 있다. 특히 체험 활동 후에는 지도 교사가 부모에게 아이의 활동에 대해 자세히 설명해 주어 부모들에게 큰 호응을 얻고 있다.

2)

같은 농구팀에서 10년 동안 한솥밥을 먹고 있는 A 씨와 B 씨. 서로의 재능에 대해 칭찬을 아끼지 않으면서도 서로에게 뒤지지 않으려고 오늘도 구슬땀을 흘리며 훈련을 하고 있다. 그들은 한길을 걷는 ________________ 서로에게 자극이 되는 ________________ 이다.

연습 3 보기 와 같이 문장을 완성하십시오.

보기 판매자에게 원산지 표시란 **상품에 대한 약속이자 고객에 대한 예의이다.**

1) 나에게 아버지란 ____

2) 20대에게 사랑이란 ____

3) 인간에게 종교란 ____

4) 우리에게 용기란 ____

5) 학생에게 시험이란 ____

명사 은/는 물론이고, 명사 은/는 고사하고

'은/는 물론이고'는 앞말의 내용은 말할 필요도 없이 그렇고 뒷말의 내용까지도 그러함을 나타낼 때 사용한다.

- 이 카페는 커피는 물론이고 차도 대체로 맛이 괜찮더라고.
- 청계천에서 발을 헛디뎌 물에 빠지는 바람에 바지는 물론이고 속옷까지 흥건히 젖어 버렸다.
- 이번 박람회는 제품 홍보에 도움이 되는 것은 물론이고 판매에도 긍정적인 영향을 미칠 것이다.

'은/는 고사하고'는 앞말의 내용은 말할 필요도 없이 그렇지 않고, 그것보다 더 가능하다고 생각되는 뒷말의 내용까지도 불가능하거나 좋지 않음을 나타낼 때 사용한다.

- 이 건물에는 매점은 고사하고 자판기도 하나 없어.
- 이번 시험을 못 봐서 장학금은 고사하고 진급도 하기 어려울 것 같아요.
- 가: 곧 휴가철인데 여름휴가 언제 가?
  나: 휴가는 무슨. 휴가 가는 건 고사하고 주말에 출근이나 안 했으면 좋겠다.

연습 1 알맞은 것을 골라 문장을 완성하십시오.

우승	전문적 지식	제품의 기능
뛰다	스테이크 맛을 돋우다	

1) 이번에 출시된 스마트폰은 ______________________ 디자인도 마음에 쏙 들어요.

2) 대회에 참가한 농구 대표팀은 ______________________ 결승 진출에도 실패하고 말았다.

3) 기업의 최고경영자는 ______________________ 사회 경험도 다양하게 해 본 사람이어야 합니다.

4) 레드 와인은 ______________________ 식탁 분위기를 띄우는 데도 효과가 있습니다.

5) 자동차 사고로 무릎을 다친 후 ______________________ 걸을 때도 무릎이 욱신거려요.

 대화를 완성하십시오.

1)

가: 이번 직원 워크숍에는 서울 지역 점장들도 온다면서요?

나: 네. _______________________ 지방에서도 온대요.

가: 그래요? 그럼 규모가 상당하겠네요. 그렇게 많은 인원을 수용할 수 있는 숙소가
   있어요?

나: 사실은 그것 때문에 걱정이에요. 예상보다 인원이 늘어나는 바람에 _______________
   _______________________ 아직 강연 장소도 못 바꿨어요.

2)

가: 상훈 씨, 뮤지컬 '신(新)레미제라블' 봤어요?

나: 아니요. 요즘 회사 업무가 많아서 _______________________ 영화 한 편도
   제대로 볼 시간이 없네요. 보고 온 사람들 말로는 무대가 화려하다고 하던데….

가: 맞아요. _______________________ 장발장 이야기를 각색해서 새로운
   재미도 느낄 수 있더라고요.

나: 그래요? 저도 이번 프로젝트가 끝나는 대로 한번 봐야겠네요.

 대화를 완성하십시오.

1)

가: 커튼 새로 달았네? 전보다 거실 분위기가 화사하다!

나: 봄이라 밝은 색으로 바꿨더니 _______________________.
   너도 한번 바꿔 봐.

가: 나도 그러고 싶지만 이사한 지 얼마 안 돼서 _______________________.

나: 그래? 내가 짐 정리 좀 도와줄까?

2)

가: 배드민턴 동호회에 가입했다면서? 재미있어?

나: 응. 주말 아침마다 동호회 사람들과 배드민턴을 치니까 _______________________
   _______________________.

가: 아무리 건강에 도움이 된다 해도 주말마다 일찍 일어나는 거 부담 되지 않아? 나는
   _______________________.

나: 이젠 습관이 돼서 일찍 일어나는 게 별로 힘들지 않더라고.

동작동사 는 한편

어떤 상황이 일어나는 것과 동시에 다른 한쪽에서는 또 다른 상황이 일어남을 나타낼 때 사용한다. 격식적인 상황이나 문어에서 주로 쓴다.

- 우리 회사는 새로운 브랜드 개발에 힘쓰는 한편 홍보 활동에도 적극적입니다.
- 정부와 시민 단체는 복지 정책의 개선 방안을 논의하기로 하는 한편 저소득층의 복지 향상을 위해서도 함께 노력하기로 했다.
- 1960년대 이후 대형 유통업체가 생겨나는 한편 가공식품의 종류도 다양해지면서 식품업계가 한층 발전했다.

연습1 알맞은 것을 연결하여 문장을 만드십시오.

1) 시에서는 주요 도로의 물청소를 실시하다 • • 사이버 교육을 점차 확대해 나갈 방침이라고 밝히다

2) A사에서 내년에 나올 자동차는 엔진의 성능을 높이다 • • 대중들의 감성을 대변해 주다

3) 소설가 김문학은 그의 작품을 통해 인간에 대한 깊은 이해를 보여 주다 • • 안전성도 대폭 강화할 예정이라고 하다

4) 정부는 공무원 훈련 지침에 맞는 교육 과정을 마련하다 • • 시설물도 함께 정비하기로 하다

1) ....

2) ....

3) ....

4) ....

 대화를 완성하십시오.

1) 가: 새로 나올 요구르트 홍보는 어떻게 할 생각입니까?

나: 텔레비전과 인터넷을 통해 _______________________________

대학가에서 시음 행사도 할 예정입니다.

2) 가: 김 선생님, 팔순이 넘은 나이에도 여전히 건강하신데 비결 좀 알려 주시지요.

나: 저는 꾸준히 _______________________________ 제철 채소를

먹으면서 건강을 유지하고 있어요.

3) 가: 이번에 상·하류 지역의 오염 실태를 파악하고 오셨는데요. 현재 상태는 어떻던가요?

나: 아주 심각했습니다. 강의 상류에서는 숨을 쉴 수 없을 만큼 심한 _______________

_______________________________ 하류에서는 탁한 부유물이 눈으로도 쉽게 보이더군요.

4) 가: 현재 치명적인 신종 컴퓨터 바이러스가 발견되었는데요. 백신 프로그램은 없나요?

나: 아직 없습니다. 그래서 우리 연구소에서는 _______________________________

바이러스 확산을 차단하기 위한 여러 대책도 세우고 있습니다.

연습 3 뉴스를 읽고 내용을 정리하십시오. 

1)
올해 들어 야생 동물의 불법 포획이 늘고 있습니다. 관계 당국은 야생 동물의 불법 포획을 줄이기 위해 단속을 강화하면서 자연 보호 단체들과 지속적인 캠페인을 벌이기로 했습니다. 아울러 부상당한 동물의 긴급 구조나 멸종 위기의 야생 동물 보호 활동도 함께 추진할 예정입니다.

⇨ 관계 당국은 _______________________________

2)
서울시에서는 수돗물의 수질 안정성을 확인하고 급수 환경을 개선하는 '수돗물 품질 확인제'를 실시한다고 밝혔습니다. 시 관계자에 따르면 24일부터 각 가정의 수돗물 수질을 무료로 검사해 줄 예정이라고 합니다. 또한 신청을 받아 가정의 물탱크도 청소해 줄 예정입니다.

⇨ 서울시에서는 _______________________________

어떤 상황을 이야기하면서 이런 상황도 있고 저런 상황도 있음을 나열할 때 사용한다.

- 명절 전날 오랜만에 만난 어른들은 환한 표정으로 이야기를 나누는가 하면 한쪽에서는 음식을 만들면서 웃음꽃을 피웠다.
- 영화 '설산'의 아름다운 영상에 매료된 관객이 있는가 하면 영화 속 배경 음악에 감동을 받은 관객도 있고 배우들의 연기에 집중한 관객도 있다.

상반된 상황이나 특성을 나열할 때 사용한다.

- 인생에는 오르막길이 있는가 하면 내리막길도 있다.
- 칸 씨는 일 처리에 완벽한가 하면 예기치 못한 일에 실수하는 경우도 종종 있어요.

연습 1 문장을 만드십시오.

1) 그는 화려한 무대 매너로 시선을 사로잡다 / 뛰어난 가창력으로 박수갈채를 받기도 하다

  ⇨ ____

2) 장터 한쪽에서는 물건 흥정으로 떠들썩하다 / 한쪽에서는 사물놀이 공연이 한창이다

  ⇨ ____

3) 수능을 본 수험생들에게 패밀리 레스토랑에서는 음식을 30% 할인해 주다 / 놀이공원에서는 입장권을 무료로 제공하기도 하다

  ⇨ ____

4) 국제 가전 박람회장에는 새로운 기능으로 주목받는 제품이 있다 / 독특한 디자인으로 눈길을 끄는 제품도 있다

  ⇨ ____

 대화를 완성하십시오.

1) 가: 옷 가게를 차렸다고 들었는데 잘되는 거지?

　나: 글쎄, 손님이 오는 게 들쑥날쑥해. 어떤 날은 ＿＿＿＿＿＿＿＿＿＿＿＿＿＿＿＿ 또

　어떤 날은 하루 종일 손님 보기도 힘들어.

2) 가: 어제 뉴스 봤어요? 사람들이 아직도 옛 지번 주소로 택배를 보낸다더라고요. 새 도로명

　주소를 잘 모르나 봐요.

　나: 도로명 주소를 ＿＿＿＿＿＿＿＿＿＿＿＿＿＿ 알면서도 옛 지번 주소가 익숙해서

　안 쓰는 사람도 있지 않을까 싶어요.

3) 가: 토론은 잘했어? 토론 진행이 원활하지 못했다면서?

　나: 말도 마. 내가 사회를 봤는데, 말이 끝나기도 전에 ＿＿＿＿＿＿＿＿＿＿＿＿＿＿

　어떤 말에는 너무 과하게 반응하기도 해서 사회 보기가 힘들었어.

4) 가: 요즘 정부에서 추진하려는 공무원 연금 개혁 때문에 시끄럽던데.

　나: 맞아. 연금 개혁에 대해 ＿＿＿＿＿＿＿＿＿＿＿＿＿＿ 완강하게 반대하는

　사람도 있더라고.

 글을 완성하십시오.

1)
　　사상의학(四象醫學)에서는 사람의 체질을 네 유형(태양인, 태음인, 소양인, 소음인)으로 나눈다. 그래서 각각의 체질에 맞게 약을 써야 한다고 본다. 같은 약을 쓰더라도 어떤 환자에게는 ＿＿＿＿＿＿＿＿＿＿＿＿ 또 어떤 환자에게는 독약이 될 수도 있기 때문이다. 이는 환자의 병만 보는 것이 아니라 환자의 체질까지도 적극적으로 고려한 치료 방법이다.

2)
　　사람들의 발자국 소리도 뜸해지고 주위가 고요한 밤. 화가는 시간 가는 줄 모르고 작업에 열중하고 있었다. 캔버스에 그의 손길이 닿을 때마다 하얀 천에는 그의 열정이 덧칠해졌다. 작품이 완성되어 갈수록 그의 얼굴에는 희미한 미소가 번졌다. 그러다가 갑자기 붓이 멈췄다. 그는 한참 동안 ＿＿＿＿＿＿＿＿＿＿＿＿ 고개를 들어 채색된 캔버스를 쳐다보기도 하며 아무 말 없이 그 자리에 있었다.

행동을 나열하면서 이런 일도 해야 하고 저런 일도 해야 해서 바쁘거나 정신없음을 나타낼 때 사용한다.

- 요즘 업무 처리하랴 상사 눈치 보랴 고생이 많지?
- 새로 문을 연 가게라서 하루에도 몇 번씩 물건 재고 파악하랴 거래처 다녀오랴 아주 바빠 죽겠어.
- 나는 이거 하랴 저거 하랴 쉴 틈이 없는데 동생은 아무 일도 안 하고 놀고만 있다.

연습1 문장을 만드십시오.

1) 그는 커피숍에서 일하면서 주문 받다 / 커피 만들다 / 눈코 뜰 새 없이 바쁘다

⇨ ____

2) 40대 가장들은 아이들 교육시키다 / 노후 준비하다 / 이래저래 돈 들어갈 데가 많다

⇨ ____

3) 승무원들은 비행 중 승객들의 음식을 준비하다 / 안전에 신경 쓰다 / 쉴 틈이 없다

⇨ ____

4) 어머니께서는 집안일하다 / 논밭에 나가 농사일하다 / 늘 바쁘다

⇨ ____

연습2 다음을 듣고 내용을 정리하십시오.

1)　　　　　　　　　　　　　　　　　　　　　　　　　　　　　　　　　　03

⇨ 방송인 김수연은 _______________________________________

2)　　　　　　　　　　　　　　　　　　　　　　　　　　　　　　　　　　04

⇨ 요즘 워킹맘들은 _______________________________________

생각이나 의견을 나열하면서 이런 말도 있고 저런 말도 있음을 나타낼 때 사용한다.

- 부산이 좋으니 경주가 좋으니 해도 수학여행 장소로는 제주도가 제일이지.
- 금융계에서는 이번 경제 개혁안이 경기 회복에 도움이 되느니 안 되느니 하며 논쟁을 벌였다.
- 어머니는 늦은 밤 귀가하는 나에게 왜 이렇게 늦었냐느니 옷을 좀 따뜻하게 입으라느니 하며 잔소리를 하셨다.

이 표현은 '뭐니 뭐니 해도', '이러니저러니 (하다)', '-(으)니 어쩌니 (하다)', '-느니 마느니 (하다)'의 관용적 표현으로 자주 쓴다.

- 뭐니 뭐니 해도 걱정 없이 마음 편하게 지내는 것이 제일인 것 같아요.
- 회의가 끝난 뒤에도 그 문제에 대해 이러니저러니 말들이 많았다.
- 이번 사건의 책임 소재를 가리기 위해 국정 조사를 하느니 마느니 하면서 각 정당의 국회의원들이 대립하고 있다.

연습1 알맞은 것을 두 개씩 골라 문장을 완성하십시오.

곱다	밉다	쉽다	옳다
그르다	못하다	어렵다	잘하다

1) ________________________ 해도 나를 믿고 생각해 주는 건 가족밖에 없더라고요.

2) ________________________ 해도 정치가 국가 운영의 중심임은 부인할 수가 없다.

3) 해마다 대입 시험이 ________________________ 말들이 많아도 뚜껑을 열어 보기 전에는 알 수가 없다.

4) 그 사람의 행동이 ________________________ 하는 것은 접어 두고 우선 그 문제를 시정하는 게 선결 과제가 아닐까요?

연습 2   보기와 같이 문장을 완성하십시오.

> 보기   "과제 때문에 바빠." "만날 시간도 없어."
>
> ⇨ 친구 녀석은 <u>바쁘다느니 시간 없다느니</u> 하며 나와 만나려고 하지 않았다.

1) "연휴라 어디든 사람이 많아." "고속도로도 길이 막혀."

⇨ 남편은 연휴가 되면 __________________________ 핑계를

대면서 집에서 나갈 생각을 하지 않는다.

2) "정말 오랜만이네." "그동안 많이 보고 싶었어."

⇨ 동창회에 온 친구들은 __________________________ 하면서

서로를 반갑게 맞아 주었다.

3) "근거 없는 소문입니다." "단지 선후배 사이일 뿐입니다."

⇨ 한 신문사에서 두 배우의 열애설을 제기하자 기획사에서는 __________

__________________________ 하며 열애설을 진화하기에 바빴다.

4) "사건의 전말을 공개하십시오." "아직까지 공개하지 않는 이유가 무엇입니까?"

⇨ 모 기업 총수의 불법 증여 사건에 대해 __________________

__________________________ 등의 말들이 쏟아지고 있다.

연습 3   알맞은 것을 골라 문장을 완성하십시오.

뭐니 뭐니 해도	이러니저러니 해도	바쁘니 어쩌니 해도	하느니 마느니 해도

1) 여름철 더운 날씨에는 __________________ 치킨에 맥주가 최고죠!

2) 빌리는 일 때문에 __________________ 고향에 계신 부모님께는 자주 연락을 드려요.

3) 다른 사람들이 나에 대해 __________________ 그 친구만큼은 변함없이 나를 믿어

줄 거라고 생각해.

4) 아직 준비가 안 됐다면서 __________________ 막상 시작하면 그 친구가 일 처리는

제대로 할 거야.

메모

4

배경 표현

> 동사 (으)ㄴ/는 가운데
> 동사 (으)ㄴ/는 와중에
> 동사 (으)ㄴ/는/(으)ㄹ 판에
> 동사 (으)ㄴ/는 마당에
> 동사 던 차에

 이 사람이 무슨 말을 하고 있을까요?

이렇게 멀리까지 와 주신 분들께 감사드립니다!

앞말의 사건이나 상태가 지속되는 상황을 배경으로 뒷말의 내용이 이루어짐을 나타낼 때 사용한다. 주로 공식적인 상황에서 쓴다.

- 강당에 회사의 전 직원들이 모인 가운데 시무식이 시작되었다.
- 건조한 날씨가 계속되는 가운데 산불 가능성도 점차 높아지고 있습니다.
- 두 분의 감동적인 사랑 이야기를 듣는 가운데 벌써 마칠 시간이 다 되었네요.
- 위급한 가운데도 침착하게 조치를 취한 구조대원의 도움으로 아이의 생명을 지켰습니다.

연습 1   알맞은 것을 연결하여 문장을 완성하십시오.

1) 전문가 및 시민 대표가 참석하다	이렇게 인터뷰에 응해 주셔서 감사드립니다.
2) 올림픽 개막일이 점차 다가오다	그동안 잘 몰랐던 극지방에 대한 관심이 높아지고 있다
3) 김민서 씨, 연주회 준비로 바쁘다	환경 정책 토론회가 시작되었다.
4) 중부 지방에 호우주의보가 내려지다	각국의 대표 선수들이 속속 입국하고 있다.
5) 높은 시청률을 유지하던 환경 다큐멘터리가 막을 내리다	일부 도로가 침수되는 등 피해가 잇따르고 있습니다.

1) ____

2) ____

3) ____

4) ____

5) ____

만개하다　　즐비하다　　진행되다　　확정되다　　활발해지다

1)

이번 주말의 날씨, 많이들 궁금하시죠? 개나리를 비롯하여 다양한 봄꽃들이 ___________ 미세먼지 수준도 좋음 단계이고 하늘도 맑겠습니다.

2)

추석을 전후한 극장가에는 막 개봉한 대형 영화들이 ___________ 상영관도 몇 군데 없는 독립 영화 한 편이 조용한 돌풍을 일으키고 있습니다.

3)

대통령의 동남아 순방을 계기로 우리 기업의 동남아 진출이 더욱 ___________ 젊은이들의 해외 취업 기회도 더욱 많아질 것으로 기대하고 있습니다.

4)

청소년 볼링 대표팀이 아시아 청소년 볼링 대회에서 사상 처음으로 순위권 안에 들었습니다. 초반에는 긴장한 듯 보였던 선수들은 경기가 계속 ___________ 점차 자신감을 되찾았고 결국 최종 2위라는 성적을 거두었습니다.

5)

국내외 총 32개 브랜드의 참가가 ___________ 서울 국제 모터쇼가 오는 3일부터 열흘간 열립니다. 이번 모터쇼에서는 일곱 개의 차종이 세계 최초로 공개될 예정이라고 합니다.

연습 3 알맞은 것을 골라 좌담회 대화를 완성하십시오.

바쁘다　　어렵다　　말씀을 듣다　　관심이 집중되다　　시행착오를 거치다

사 회 자: 오늘은 최근 몇 년 새 한국학과가 신설된 유럽 대학의 학과장님들을 모시고 말씀을 나눠 보겠습니다. 먼저 ＿＿＿＿＿＿＿＿＿＿＿＿＿＿＿＿＿＿ 멀리 한국까지 와 주신 교수님들께 감사의 말씀을 드립니다. 그럼 교수님들께서 각 학교의 상황을 간단히 말씀해 주시기 바랍니다.

이바노프: 저희 학교에 한국학과가 신설될 때 러시아 각계에서 큰 관심을 보였습니다. 그렇게 ＿＿＿＿＿＿＿＿＿＿＿＿＿＿＿＿ 1년을 보내 왔습니다. 그동안 여기저기에서 도움을 받으면서 지냈는데 이제 어느 정도 자립할 수 있게 되었습니다.

뒤　　 랑: 저희 학교는 한국학과가 신설된 지 3년이 됐습니다. 실수도 있었지만 몇 번의 ＿＿＿＿＿＿＿＿＿＿＿＿＿＿＿＿ 이제는 내실을 갖추게 된 것 같습니다.

바 그 너: 저희의 경우에는 학교 재정이 여의치 않아 처음에는 곳곳에 어려움이 있었습니다. 하지만 그렇게 ＿＿＿＿＿＿＿＿＿＿＿＿＿＿＿ 학생들과 교수들이 힘을 모아 올해 첫 졸업생을 배출했고, 장학생으로 뽑혀 한국의 대학원으로 유학을 오게 된 학생도 있습니다.

사 회 자: 네, 학교마다 다양한 상황이 있었군요. 여러분, 교수님들의 ＿＿＿＿＿＿＿＿＿＿＿＿＿＿＿ 벌써 좌담회를 마칠 시간이 되었습니다. 오늘 눈이 내리는 궂은 날씨에도 좌담회 객석을 가득 채워 주신 청중 여러분께 감사를 드립니다. 이상으로 유럽 한국학과 학과장 좌담회를 마치겠습니다.

　　어떤 일이 진행되고 있는 상황 또는 바쁘고 정신이 없어 신경을 쓰기 어려운 상태나 사건이 배경임을 나타낼 때 사용한다. 뒤에는 주로 그런 상황에서 하기 어렵거나 예상하지 못했던 내용이 오며, 일상적인 대화나 비격식적인 상황에서 자주 쓴다.

- 그 선배는 졸업 논문 쓰랴 유학 준비하랴 힘들었을 텐데 그 바쁜 와중에 언제 연애까지 했을까?
- 김소영 씨, 세 아이의 엄마로 지내는 와중에 매주 봉사 활동까지 하다니 정말 대단하시네요.
- 선생님께서는 몸이 안 좋으신 와중에도 웃음을 잃지 않고 수업을 이어 가셨다.
- 가: 요즘 주가가 엄청 오르고 있던데. 이럴 줄 알았으면 나도 진작 사 둘 걸 그랬어.

  나: 그러게 말이야. 그런데 이렇게 주가가 상승세를 타고 있는 와중에 손해 본 사람도 있다더라.

　　이/그/저와 함께 '-(으)ㄴ/는데 이 와중에/그 와중에/저 와중에'의 형태로 자주 쓴다.

- 가: 오늘 생일이지? 내가 선물 준비할 시간이 없어서 케이크만 샀어.

  나: 정말? 결혼 준비로 바쁠 텐데 이 와중에 내 생일까지 챙겨 주다니 고맙다!
- 가: 지난 주말 불꽃 축제에 사람이 엄청 많았다면서요?

  나: 어휴, 발 디딜 틈이 없더라고요. 그런데 그 와중에 친구들이랑 기념사진 찍느라 정말 정신없었어요.

연습1　알맞은 것을 연결하여 문장을 완성하십시오.

1) 여러 가지 일들로 바쁘다	길에 떨어져 있는 오백 원짜리 동전이 눈에 띄더라고요.
2) 동생은 몸이 아파서 하루 종일 누워 있다	저희 식당 개업식에까지 와 주셔서 정말 감사드려요.
3) 모임에 늦어서 정신없이 뛰어가다	여고생들은 아랑곳 않고 수다만 떨었다.
4) 급커브 길에서 버스가 흔들려 사람들이 다 한쪽으로 몰리다	손에서 스마트폰을 놓지 않았다.

1) ....

2) ....

3) ....

4) ....

 '-(으)ㄴ/는데 이/그/저 와중에'를 사용하여 대화를 완성하십시오.

1) 가: 연말이라 영업부 쪽 일손이 부족하다고 부장님이 좀 도우라고 하시네요.

   나: 뭐라고요? _____________________________________ 타 부서 일까지

   도우라니 너무하시네요.

2) 가: 주말에 에어컨 설치 공사한다고 했었지? 잘 마무리됐어?

   나: 말도 마. 드릴로 벽을 뚫고 해야 해서 엄청 시끄러웠어. _____________

   _____________________ 우리 애들은 옆방에서 얼마나 낮잠을 잘 자던지.

3) 가: 나 김정서 선수 다시 보게 됐어. 이번에 한국에 입국할 때 보니까 공항에 _____

   _____________________ 일일이 인사하고 웃으면서 사진도 같이 찍던데.

   나: 유명해지고 나서 오히려 사람들한테 무성의하게 대하는 경우도 많던데 그 선수 괜찮네.

4) 가: 요즘 서점 신간 코너에 가 보면 하루에도 수십 권의 책이 새로 나오는 것 같더라.

   나: 맞아. 그래서 베스트셀러가 자주 바뀌나 봐. _______________________

   _____________________ 오래 전에 나온 책이 꾸준히 사랑받는 경우도 종종

   있더라고.

 보기 와 같이 다음의 상황에서 할 말을 문장으로 만드십시오.

> 사흘 내내 굵은 비가 내리던 연휴에 친구들과 캠핑을 갔다 왔다. 첫날 아침에는 날씨가 궂어 취소할까도 생각했지만 다시 여럿이 시간을 맞추기가 어려워 그대로 추진했다. 비는 그치지 않고 계속 내렸지만 우리는 고기도 구워 먹으며 신나는 시간을 보냈다.

> 보기 이 내용을 알게 된 친구
> "연휴 내내 비가 왔는데 그 와중에 캠핑을 갔다고? 나 같았으면 포기했을 텐데."

1)

> 윤희연! 잘나가는 방송인에 기획사 대표, 지역의 홍보 대사까지 이름은 하나인데 직함은 서너 개이다. 좋은 이미지로 꾸준히 인기를 끌고 있는 그녀는 음식점을 운영하시는 부모님의 일터에도 한두 달에 한 번씩 찾아가서 점원 일을 자처한다고 한다.

이 내용을 알게 된 독자

"
"

2)

> 경기도에 있는 모 전자 회사의 부품 공장에서 화재가 발생했다. 다행히 밤에 화재가 일어나 인명 피해는 없었으나 사고 뒤처리에는 상당한 시일이 소요될 것으로 보인다. 그러나 소식을 들은 회사는 예정되었던 직원들의 해외 연수를 그대로 강행했다.

이 내용을 알게 된 직원

"
"

3)

> 잠깐 집 앞에 나가는 길에 아파트 계단에서 발을 헛디뎌 발목을 삐끗했다. 채 10분도 안 돼 발목이 부어올랐고 통증이 느껴졌다. 바로 병원에 가야 한다는 걸 알면서도 부스스한 내 모습을 보니 도저히 그럴 수가 없었다. 나는 절뚝거리면서 다시 집으로 들어가 샤워를 하고 간단히 화장을 한 후에 병원으로 향했다.

이 내용을 알게 된 엄마

"
"

부정적인 상황이나 처지가 배경임을 나타낼 때 사용한다. 뒤에는 되묻는 문장이 자주 오며, 주로 비격식적인 상황에서 앞의 상황에 맞지 않는 행위나 상태에 대해 이해할 수 없다는 태도를 나타낸다. '-(으)ㄹ 판이다'의 형태로 문장의 끝에 쓰기도 한다.

- 예정됐던 휴가가 취소돼서 속상한 판에 당신까지 나한테 왜 이러는 거예요?
- 아무리 베스트셀러 작가라 해도 스캔들 때문에 자국 독자들도 등을 돌리는 판에 해외 독자라고 남아 있겠어요?
- 가: 그 사람, 십년지기 친구잖아. 부탁하는데 좀 도와주지 그래?

  나: 나도 그러고 싶지만 내 코가 석 자야. 내가 죽을 판에 남 도와줄 정신이 어디 있냐?
- 가: 김장 혼자 다 담갔다며? 고생했겠다.

  나: 응. 엄마가 하실 때는 수월해 보였는데 혼자 하니까 엄청 힘들더라고. 김장 두 번 담갔다가는 내가 드러누울 판이야.

'-(으)ㄹ 판에'의 경우 '-아/어도 모자랄 판에/시원찮을 판에', '-아/어야 할 판에'의 형태로 자주 쓰며, 그때는 '앞말의 내용대로 해도 부족한 상황인데 오히려/고작'의 의미이다.

- 가: 우리 좀 쉬었다가 가자. 너무 숨이 차서 못 가겠어.

  나: 안 돼! 뛰어가도 모자랄 판에 이렇게 느릿느릿 걸어가서 경기 시작 전에 도착하겠냐?
- 가: 어제 뉴스 보니 정부가 내년에 일부 대학교의 지원 예산을 줄일 예정이래요.

  나: 아니, 현재 상태에서 더 늘려도 시원찮을 판에 줄이면 어쩌라는 거죠?
- 가: 정석호 씨, 당뇨병은 음식 조절을 잘하셔야 합니다. 식사량을 줄이셔야 할 판에 과식에 술까지 그렇게 자주 드시면 어떡합니까?

  나: 네, 선생님. 그런데 회사 생활하다 보니 그게 참 쉽지 않네요.

연습1 알맞은 것을 골라 대화를 완성하십시오.

떠나다	못 내다	밤을 새우다	하기 힘들다	허리가 휘다

1) 가: 엄마, 저 이 구두 사 주면 안 돼요? 요즘 이런 고급 구두 하나쯤 없는 친구들이 없단 말이에요.

   나: 돈이 없어서 학비도 제때 _______________ 그렇게 비싼 구두 타령을 꼭 해야겠니?

2) 가: 성민아, 차기 총학생회장 선거에 나가 보는 거 어때? 너는 생각이 깊고 리더십도 있어서
　　　잘할 것 같은데.

　　나: 총학생회장이 되면 신경 쓸 게 얼마나 많은데. 지금 동아리 연합 회장 일도 제대로
　　　_________________________ 총학생회장 일은 더하지 않겠어? 난 지금 일에
　　　집중하려고.

3) 가: 저는 이번에 명예퇴직 신청하기로 했어요. 성호 씨는 대상자에서 제외됐으니 계속
　　　오래오래 일할 수 있기를 바랍니다.

　　나: 동료들이 다들 _________________________ 저라고 마음이 편하겠어요? 저만
　　　회사에 남으니 그것도 가시방석이네요.

4) 가: 컴퓨터 작업을 오래 했더니 목이 뻐근하다. 벌써 새벽 한 시가 넘었는데 너는 끝이 보여?

　　나: 아니. 아직 끝내려면 멀었어. 이러다가 _________________________.

5) 가: 과장님, 사모님이랑 아이들이 외국으로 떠난 지 벌써 꽤 되셨죠? 힘드시겠어요.

　　나: 기러기 아빠로 생활한 지 벌써 2년째인데 혼자 자식과 아내 해외 생활비를 대려니
　　　_________________________.

연습 2　‘-아/어도 모자랄/시원찮을 판에’를 사용하여 대화를 완성하십시오.

1) 가: 언니, 우리 주말에 바람 좀 쐬고 올까?

　　나: 이제 입시가 한 달밖에 안 남았잖아. _________________________
　　　여행을 가자고? 안 돼!

2) 가: 그 사람은 중요한 부탁을 할 때도 문자 메시지로만 해요. 그런 태도가 좀 불편해요.

　　나: _________________________ 문자 메시지만 보낸다고요? 그건
　　　예의가 아니죠.

3) 가: 아주머니, 여기 된장찌개랑 생선구이 하나씩 주세요. 아, 된장찌개는 좀 간간하게 해
　　　주세요.

　　나: 야, 이 집 음식은 안 그래도 짠 편이잖아. _________________________
　　　더 간간하게 해 달라고? 너무 짜게 먹는 거 아니야?

4) 가: 집 방향이 같아서 김영민 씨가 퇴근길에 가끔 나를 태워 주는데 차가 겉만 깨끗하지

　　　안은 영 지저분한 거 있지. 또 냄새는 얼마나 나는지….

　　나: 너는 남의 차 얻어 타면서 ____ 무슨

　　　불평이 그렇게 많냐?

연습3　신문 기사의 제목을 보고 대화를 완성하십시오.

1)

밥값보다 비싼 커피값에 시민들 울상

　　가: 요즘 커피값이 비싸도 너무 비싸지 않아? 한 잔에 5,000원이 넘는 것도 수두룩해.

　　나: 그러게. 식비 아끼자고 점심도 구내식당에서 ________________________________

　　　후식으로 마시는 커피 한 잔이 밥보다 비싸니 참….

　　가: 그런데 이 근처에 유명한 고급 커피 전문점이 생기려나 봐. 어제 거리에서 홍보를 하던데.

　　나: 그래? 그러면 다른 커피숍에도 영향을 줄 텐데. ______________________________

　　　오히려 커피값이 더 오르겠네.

2)

대기업 총수 자녀, 입사 후 임원 승진까지 평균 5.5년 걸려

　　가: 대리님, 이 기사 보셨어요? 이거 보고 저는 좀 허탈하더라고요.

　　나: 나도 그래. 나는 대리만 7년째 하고 있는데 말이야. 대학 4년 동안 열심히 취업 준비해도

　　　대기업은커녕 중소기업에도 들어가기 ____________________ 총수 자녀들은

　　　대학 졸업만 하면 바로 입사하잖아.

　　가: 저는 여기 들어오기 전까지 이력서만 스무 곳 정도 냈었는데 그때 생각을 하니 좀

　　　씁쓸하네요. 그건 그렇고, 우리 부서 전체가 등산을 간다던데 날짜는 확정됐대요?

　　나: 다음 주로 결정이 된 모양이야.

　　가: 그렇게 일찍요? 요즘 업무량이 많아서 ______________________________________

　　　하루를 다 빼서 등산을 가려면 이번 주말에도 회사에 나와야겠네요.

이미 벌어진 일이나 어떤 상태가 배경임을 나타낼 때 사용한다. 뒤에는 포기하는 의미로 '가능성이 없다', '필요 없다', '소용없다'는 내용의 되묻는 문장이 자주 오며, 일상적인 대화나 비격식적인 상황에서 주로 쓴다.

- 우리가 사귄다는 사실도 이제 다 알려진 마당에 뭘 더 숨기겠어요?
- 가: 어머니, 위층에서 이 밤중에 또 세탁기 돌리네요. 제가 가서 말할까요?

  나: 아니다. 다음 주에 이사 가는 마당에 굳이 말할 필요 있겠니? 서로 기분만 상하니까 참자.
- 가: 자기야, 이 집 가구는 전체적으로 값이 비싸다. 다른 데로 가자.

  나: 마음에 들면 여기서 사. 이제 은행 빚도 다 갚은 마당에 이 정도는 사도 되지 않겠어?
- 가: 어제 재난 영화를 봤는데, 불이 나 위험한 건물에서 주인공들이 서로를 발견하고는 포옹하는 장면이 나오더라. 그런 장면이 꼭 필요할까?

  나: 영화적인 설정이잖아. 실제 그런 상황이 닥치면 한시가 급한 마당에 그럴 시간이 있겠어? 일단 피해야지.

연습 1 알맞은 것을 골라 대화를 완성하십시오.

| 고장 나다 | 늘어 가다 | 타 버리다 | 사용도 하다 | 졸업까지 하다 |

1) 가: 대학 다닐 때 공부 좀 열심히 할 걸 그랬어. 학점이 낮으니까 회사에 지원해도 번번이 서류 심사에서 떨어지는 것 같아.

   나: 이미 ________________________ 후회한다고 점수가 바뀌냐? 자기소개서에 좀 더 공을 들여 봐.

2) 가: 서둘러 나오다 스마트폰을 떨어뜨렸더니 전화기가 좀 이상해요. 귀찮아서 보호 케이스 안 썼었는데 오늘 하나 사야겠어요.

   나: 먼저 수리 센터부터 가야죠. 기계가 ________________________ 보호 케이스가 문제예요?

3) 가: 형님을 만난 지 벌써 20년 가까이 됐네요. 새해가 되면 저도 사십 줄에 들어서요.

   나: 벌써 그렇게 됐냐? 내 기억에 넌 아직 파릇파릇한 대학생인데. 이제 너도 사십 대인데

   같이 ________________________ 말 놔라.

4) 가: 지난주에 큰맘 먹고 자전거를 장만했는데 주말부터 할인 행사를 한대요. 30%나 값을

   내린다네요.

   나: 어휴, 속상하겠어요. 근데 이미 ________________________ 후회해 봤자 무슨

   소용이 있겠어요? 그냥 잊어요.

5) 가: 할머님, 그 사진이 마지막 남은 할아버님 사진이라고 하셨죠? 샅샅이 찾아봤는데도

   없네요. 면목이 없습니다.

   나: 아니에요. 화재로 종이쪽지까지 다 ________________________ 그 작은 사진이

   남아 있겠어요? 애써 줘서 고마워요, 경찰 양반.

연습 2　대화를 완성하십시오.

1) 가: 여보, 나 예전에 다녔던 회사에 가서 일 좀 봐주고 올게. 그때 밑에 있었던 직원이 도와

   달라고 연락이 왔어.

   나: 거기 그만둔 지 벌써 두 달이나 지났잖아. 이미 ________________________

   꼭 옛날 직장에 가야 돼?

2) 가: 민호 씨, 아내한테 프러포즈 이벤트를 준비하고 있다면서요? 이미 ________________________

   ________________________ 그렇게까지 해야 돼요?

   나: 아내가 청혼을 안 했다고 서운해하더라고요. 그래서 돌아오는 결혼기념일에 정식으로

   하려고요.

3) 가: 지난번에 참가했던 말하기 대회 말이야. 1차 원고 심사가 합격에 그렇게 큰 영향을 줄 줄

   알았으면 좀 더 잘 준비할 걸 그랬어.

   나: 이제 다 ________________________ 후회해서 뭐 하겠어? 다음 기회를 노려 봐.

4) 가: 갑자기 헤어지자니? 뭐 때문에 그러는 거야? 전화로 이러지 말고 내일 얼굴 보고 얘기해.

   나: 아니야. ________________________ 긴 얘기 하고 싶지 않아. 우리 그냥 헤어져.

지속되고 있는 상태나 진행되는 상황이 배경임을 나타낼 때 사용한다. 뒤에는 마침 그 상황과 관련된 어떤 일이 생겼다는 내용이 자주 온다.

- 가뭄이 극심하던 차에 마침 해갈에 도움을 줄 단비가 내렸습니다.
- 진공청소기를 하나 장만해야겠다고 생각하던 차에 대형 할인점에서 경품으로 청소기를 받았다.
- 가: 남산에 가 봤어? 경치도 경치지만 탁 트인 곳에서 서울을 내려다보니까 마음까지 시원하더라.

  나: 응. 나도 가 보고 싶던 차에 마침 외국인 친구가 같이 가자고 해서 주말에 다녀왔어.
- 가: 이번 인사이동 때 최 대리가 우리 부서로 오게 됐다고 합니다.

  나: 그래요? 업무가 늘어서 인력이 더 필요하던 차에 마침 잘됐네요.

'동작동사 (으)려던 차에'로 쓰여 어떤 일을 하려고 계획하던 순간이 배경임을 나타낼 때도 쓴다. 앞에 부사 '막'이 자주 온다.

- 점심밥을 먹으려고 막 나가려던 차에 마침 아내가 도시락을 싸들고 회사로 왔다.
- 사무실 공기가 너무 탁해 막 문을 열려던 차에 청소하시는 분께서 문을 여셨다.
- 부모님이 여행으로 집을 비우셔서 혼자만의 여유를 즐기려던 차에 사촌 동생이 집으로 놀러 와서 계획이 무산됐다.

연습 1   알맞은 것을 골라 문장을 완성하십시오.

심하다	검색하다	궁금하다	알아보다

1) 안마 의자를 새로 사려고 인터넷을 ＿＿＿＿＿＿＿ 마침 최신 제품을 저렴하게 대여해 주는 서비스가 있다는 걸 알게 됐다.

2) 회사 근처에 있는 유명한 냉면집 맛의 비결이 뭔지 ＿＿＿＿＿＿＿ 마침 음식 전문 TV 프로그램에 그 집이 소개되었어요.

3) 해외여행을 갈까 하고 ＿＿＿＿＿＿＿ 환율이 폭등하여 다음으로 미룰 수밖에 없었다.

4) 1년이 넘도록 취직이 안 돼서 맘고생이 ＿＿＿＿＿＿＿ 은사님으로부터 일자리 제안을 받았습니다.

 알맞은 것을 연결한 후 '-(으)려던 차에'를 사용하여 문장을 완성하십시오.

1) 막 잠이 들다 • • 오토바이 한 대가 '씽' 하고 제 앞을 지나갔습니다.

2) 비행기가 막 움직이다 • • 직원이 늦어져서 죄송하다며 샐러드를 서비스로 주었다.

3) 서둘러 횡단보도를 건너다 • • 밖에서 초인종 소리가 들려 잠이 달아났어요.

4) 주문한 음식이 너무 안 나와서 따지다 • • 한 승객이 심한 통증을 호소해서 출발이 지연되었다.

1) ____

2) ____

3) ____

4) ____

 대화를 완성하십시오.

1) 가: 저녁 먹었어? 라면 끓였는데 같이 먹을래?

   나: 응. 마침 _______________________ 잘됐다.

2) 가: 병원 근처에 요가 학원이 생긴다고 하던데 소식 들었어요?

   나: 그래요? 요가를 배우고 싶어서 _______________________ 마침 잘됐네요.

3) 가: 영훈 씨, 이번 달 매출 결과 보고서 마무리됐어요?

   나: 아니요, 이제 시작하려고요. 관련 자료 다 찾아서 _______________________

   컴퓨터가 다운돼 버렸거든요. 몇 시간 동안 컴퓨터가 이상하더니 이제 괜찮아졌어요.

4) 가: 은정아, 인터넷 접속 끊어지는 거 해결했니? 고객 센터에 전화해야 하는 거 아니야?

   나: 아, 그거요? _______________________ 친구한테 연락이 왔길래 물어봤더니

   와서 봐 주겠대요. 그 친구가 기계 쪽 전공했거든요.

5) 가: 우리 옆집 대학생이 나한테 과외 자리 있으면 소개해 달라던데 누구 할 만한 사람

   없을까?

   나: 어머, 그렇지 않아도 _______________________ 마침 잘됐다. 그동안 우리

   딸 가르치던 과외 선생님이 이민을 가게 됐거든.

5

명사절·명사구 보문 구성

준비 이 사람이 무엇을 기다리고 있는지 이야기하십시오.

'-(으)ㅁ'은 문장을 명사화할 때 사용한다. 앞말은 주로 확정적인 사실인 경우가 많으며 '분명하다, 발견되다' 등의 주어나 '알다, 기억하다, 밝히다, 주장하다, 보고하다' 등의 목적어로 쓴다. 정해진 사실에 대한 메모나 공지, 사전 뜻풀이 등에도 쓴다.

- 이렇게 어려운 문제를 풀다니 그 아이는 천재임이 분명해.
- 무덤의 크기로 보아 그 당시 왕권이 아주 강했음을 알 수 있다.
- 그동안 모은 회비를 내일 회식 때 쓰기로 결정함.
- 기상 악화로 비행기 출발 시간이 지연됨.
- 창조: 전에 없던 것을 처음으로 만듦.

'-기'도 문장을 명사화할 때 사용한다. 앞말은 앞으로 예상되는 상황인 경우가 많으며 '쉽다, 어렵다, 싫다' 등의 주어나 '좋아하다, 싫어하다, 바라다, 시작하다, 멈추다' 등의 목적어로 쓴다. 계획에 대한 메모나 규칙, 속담 등에도 쓴다.

- 몸이 피곤해지면 면역력이 떨어지기 쉬우니 무리하지 않도록 주의하십시오.
- 등산 중 부상자가 발생해서 정상까지 올라가기를 포기했다.
- 새해에는 보다 규칙적으로 생활하기.
- 냉방 온도 26도 이상, 난방 온도 20도 이하 지키기.
- 계란으로 바위 치기.

꼭 해야 할 일이나 하지 말아야 할 일을 강조하여 주의를 줄 때에는 '-(으)ㄹ 것'을 쓴다. '권하다, 당부하다' 등의 목적어로도 쓴다.

- 과제는 이번 주 내로 마무리하여 제출할 것.
- 비상시가 아니면 이 창문을 열지 말 것.
- 보건 당국은 독감 예방을 위해 외출 후 손 씻기를 생활화할 것을 당부했다.

연습 1　　**보기** 와 같이 문장을 바꾸십시오.

> **보기**　연구팀은 실험을 통해 다음 사실을 입증했다. "웃음이 노화 방지에 효과가 있다."
>
> ⇨ **연구팀은 실험을 통해 웃음이 노화 방지에 효과가 있음을 입증했다.**

1) 대학 농구팀의 서지훈 선수가 프로 선수 못지않은 실력을 가지고 있다. 이것이 오늘 시합을 통해 드러났다.

⇨ ____

2) 현관문을 강제로 연 흔적이 없는 걸로 봐서 범인은 피해자와 아는 사람이다. 이것이
틀림없다.

⇨ ____

3) 논문 속 단어 뜻풀이는 『한국어대사전』을 참고하였습니다. 이 사실을 알립니다.

⇨ ____

4) 제 페이스북에 올린 그림은 서울 시립 미술관 홈페이지에서 가져왔습니다. 이 사실을 밝힙니다.

⇨ ____

5) "노인 세대가 다양한 영역에서 영향력 있는 집단으로 부상하고 있다." 이것을 주목해야 합니다.

⇨ ____

6) 가수 김승호는 다음 사실을 고백했다. "슬럼프에 빠져 지난 1년간 아무도 만나지 않고
지냈습니다."

⇨ ____

7) 한국어 고급 과정을 배우다 보니 새삼 이런 걸 느끼게 됩니다. '발음 연습이 더 필요해.'

⇨ ____

8) 문화 평론가 김진우 씨는 다음 내용을 시인했습니다. "지난 칼럼에 언급한 내용 중 오류가
일부 있었습니다."

⇨ ____

 알맞은 것을 골라 문장을 완성하십시오.

| 나가다 | 만나다 | 일하다 | 대답하다 |
| 들어가다 | 배치되다 | 쾌차하다 | 밥을 먹다 |

1) 할머님께서 얼른 _______________ 진심으로 기원합니다.

2) 비도 오고 기분도 우울해서 밖에 _______________ 귀찮아요.

3) 나이가 들수록 마음이 잘 맞는 친구를 _______________ 쉽지 않다.

4) 감기에 걸려서 입맛이 떨어졌는지 _______________ 싫어졌어.

5) 모하메드는 입사 후 바로 관리부에서 _______________ 시작했대요.

6) 컴퓨터를 잘 다루는 사람이 우리 부서에 _______________ 바라고 있어.

7) 요즘 같은 불경기에 졸업하자마자 회사에 _______________ 어디 쉬운 줄 알아?

8) 기자 회견에서 대통령은 _______________ 곤란한 질문도 피해 가지 않고 성심껏 답변했다.

연습3 '-(으)ㄹ 것'을 사용하여 화장품 사용 시 주의 사항을 정리하십시오.

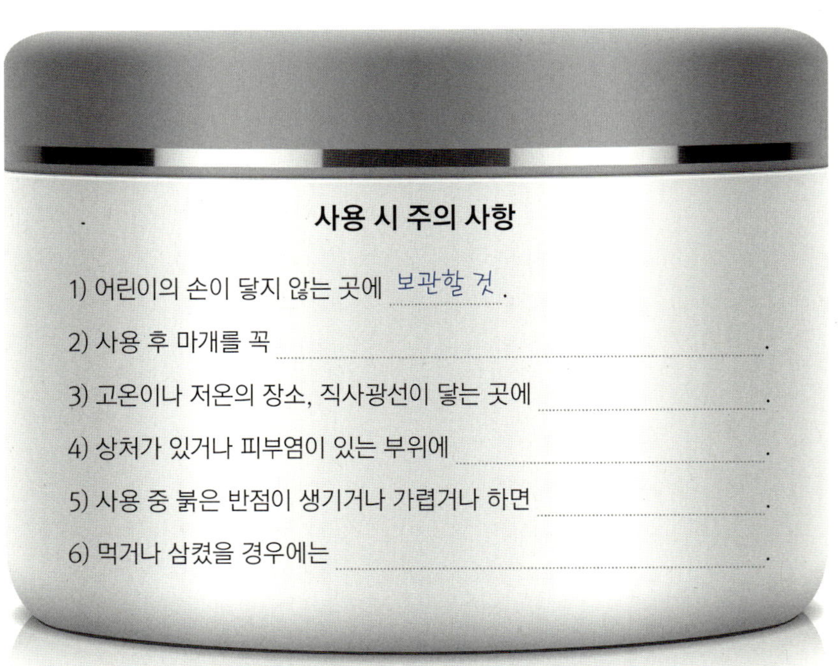

연습 4 뉴스를 듣고 메모를 완성하십시오.

낮잠이 기억력 향상에 미치는 영향에 대한 실험

- 실험 대상: 대학생 41명
- 실험 과정:

  ① 관련 없는 두 단어를 묶어 120개를 ________________________.

  ② 1차 기억력 테스트를 ________________________.

  ③ 실험 대상자 중 한 그룹은 ________________________.

  　　　　다른 그룹은 ________________________.

  ④ 2차 기억력 테스트를 _진행함_ .

- 실험 결과: 낮잠을 잔 그룹이 단어 쌍을 5배 정도 ________________________.

  　　　　즉 낮잠을 한 시간가량 자면 ________________________.

연습 5 다음은 컴퓨터와 전기 사용에 대한 글입니다. 전기를 절약하기 위한 방법을 정리하십시오.

- 열을 받으면 컴퓨터의 성능이 안 좋아져서 전기가 많이 소모됨.

- 코드가 연결되어 있으면 컴퓨터 전원이 꺼져 있어도 대기 전력이 소모됨.

- 모니터가 밝을수록 전기가 많이 소모됨.

- 시디(CD)가 들어 있으면 컴퓨터를 켤 때마다 작동하게 되어 전기가 많이 사용됨.

- 프린터나 스피커 등 주변 기기는 전기 소모가 크나 컴퓨터를 켤 때마다 사용하지는 않음.

주의사항

1) _서늘한 곳에 설치하기._

2) ________________________

3) ________________________

4) ________________________

5) ________________________

 보기 를 참고하여 〈나의 수첩〉에 내용을 기록하십시오.

요일	보기	요일	나의 수첩
일	• 친구들과 홍대 앞에서 짬뽕 먹음. – 커피숍에서 세 시간 수다~		• •
월	• 쓰기 숙제 내기.		• •
화	• 선생님과 상담함. – 하루에 토픽 지문 하나씩 꼭 공부 하기로 함.		• •
수 (오늘)	• 4:00 1조 발표 준비하기–내일로 미룸! • 목이 아파 계속 따뜻한 차를 마심.	(오늘)	• •
목	• 2:00 1조 발표 준비하기. • 6:00 엄마께 전화 드리기. • 7:00 마트–우유, 식빵, 치약 사기.		• •
금	• 3:00 주인아주머니께 이달 공과금 문의하기. (수도 요금이 너무 많이 나옴!)		• •
토	• 7:00 아침 운동 시작! – 운동장 세 바퀴 돌기. • 4:00 지윤이랑 영화 보기.		• •

연습7 알맞은 것을 골라 글을 완성하십시오.

1)

연습하다	보내 주다	노력하고 있다	오케스트라이다

저희 동대문구 청소년 오케스트라는 국내뿐 아니라 해외에서도 실력을 인정받은 ______ 자부합니다. 전용 연습실이 마련되어 있지 않아 ______ 다소 불편한 점은 있습니다만 더 좋은 환경을 만들기 위해 ______ 알려드립니다. 앞으로도 많은 성원을 ______ 바랍니다. 감사합니다.

2)

| 방식이다 | 정독하다 | 깊이 읽다 | 게으르지 않다 |

다독(多讀)이란 '많이 읽기'를 말하고 정독(精讀)은 ＿＿＿＿＿＿＿＿＿＿
말한다. 그러나 다독과 정독은 다른 것이 아니다. 옛 성현들은 한 권의 책을 다독함으로써
＿＿＿＿＿＿＿＿＿ 권했다.

조선 중기의 학자 김득신은 책 36권을 소개하며 다음과 같이 말했다.

"여기 소개한 책은 모두 내가 만 번 이상 반복해서 읽은 책이니, 그동안 내가 독서에
＿＿＿＿＿＿＿＿ 알 것이다."

당시의 독서가 소리 내서 읽는 ＿＿＿＿＿＿＿＿＿＿＿ 감안하면 그가 얼마나 대단한
독서광이었는지 알 수 있다.

3)

| 찾다 | 가깝다 | 알아차리다 | 진행되다 |

국내 대학 연구팀이 수면과 텔로미어 길이의 관계를 분석한 연구 결과를 발표했다.
심각한 수면 장애를 앓는 사람은 잠을 잘 자는 사람에 비해 텔로미어의 길이가 1/2 이하로
짧은데, 이는 그만큼 노화가 많이 ＿＿＿＿＿＿＿＿＿＿ 의미한다고 한다.
즉, 잠을 잘 자야 더 젊고 건강하게 살 수 있다는 것이다. 연구팀은 수면 장애는 본인 스스로
＿＿＿＿＿＿＿＿＿ 힘든 만큼 가족의 관찰이 필요하다며 문제가 있으면 조기에
전문의를 ＿＿＿＿＿＿＿＿＿ 당부했다.

＊ 텔로미어(telomere): 노화의 척도로 여겨짐. 길이가 짧을수록 세포의
죽음이 ＿＿＿＿＿＿＿＿＿ 의미함.

'말, 생각' 등의 의미를 갖는 명사 앞에 '-다는'을 써서 그 명사의 구체적인 내용을 나타낸다.

- 이번 일이 특별히 더 힘들다는 생각은 하지 않았습니다.
- 이 고개에서 뒤를 돌아보면 삼 년밖에 못 산다는 전설이 있어요.
- 그 사람의 말은 앞으로 이 회사와 모든 거래를 끊겠다는 뜻이다.
- 집주인으로부터 밀린 방세와 공과금을 다음 주까지 모두 내라는 독촉을 받았다.

'일, 방법' 등의 의미를 갖는 명사 앞에는 주로 '-는'을 써서 그 명사의 구체적인 내용을 나타낸다.

- 화분에 물 주는 일은 우리 집 둘째가 도맡아 하고 있어요.
- 기내에서 응급 환자가 발생하여 비행기가 회항하는 사건이 벌어졌다.
- 우리 지역은 학교 운동장 지하에 주차장을 만들어 개방하는 방법으로 주택가 주차난을 해결했다.

'경험, 기억' 등 이미 일어난 일을 내용으로 갖는 명사 앞에는 주로 '-(으)ㄴ'을 쓴다. '장면, 모습' 등 눈앞에 보이는 것을 묘사하는 내용이 필요한 명사 앞에는 주로 '-는'을 쓴다. '가능성, 용기' 등 아직 일어나지 않은 일을 내용으로 갖는 명사 앞에는 주로 '-(으)ㄹ'을 쓴다.

- 새로 당선된 구의원은 그간 지역에서 활동한 경험을 살려 지역 현안 해결에 적극 나서겠다고 설명했다.
- 조선시대 화가 김홍도의 그림 '점심'에는 일하던 사람들이 둘러앉아 밥을 나눠 먹는 모습이 잘 표현되어 있다.
- 범죄의 과정이나 방법을 지나치게 상세히 보도하면 모방 범죄가 발생할 가능성이 있다.

연습 1　　보기 와 같이 문장을 바꾸십시오.

보기　철학자 이반 일리치(Ivan Illich)는 인터뷰에서 이런 견해를 피력했다.

"사람은 스스로 치유하고 학습하는 능력을 갖고 있습니다."

⇨ 철학자 이반 일리치는 인터뷰에서 사람은 스스로 치유하고 학습하는 능력을 갖고 있다는 견해를 피력했다.

1) 우리 지역에 있는 야구장은 이런 지적을 받아 왔다.

"관중석 사이가 좁아서 이동할 때 불편해요."

➡ ____

2) 이런 기사가 1면에 실렸어요.

"스마트폰을 이용한 범죄, 갈수록 심각해져"

➡ ____

3) 어린이를 대상으로 한 영화는 이런 메시지가 들어 있기 마련이다.

"따뜻한 마음과 용기를 가지면 행복이 찾아옵니다."

➡ ____

4) 홍인수 시장은 기자들이 이런 질문을 하자 답을 하지 않고 자리를 떴다.

"다음 국회의원 선거에 출마하실 겁니까?"

➡ ____

5) 인터넷 쇼핑몰에서 물건을 주문했는데 일주일이 훨씬 지나서야 이런 문자 메시지를 받았습니다.

"주문하신 물건이 품절되었습니다."

➡ ____

6) 이런 뜻에서 자서전 쓰기 수업을 시작했다.

"학생들이 꿈에 대해 진지하게 생각해 보는 동시에 글쓰기 연습도 할 수 있게 합시다."

➡ ____

7) 이런 사실을 알면 일부 팬들은 실망이나 분노를 드러내기도 한다.

"내가 좋아하는 연예인이 연애를 하는구나!"

➡ ____

8) 이 저축 상품은 서민의 재산 형성을 위해 마련됐다고 하지만 이런 비판을 받고 있다.

"가입 조건이 까다로워 정작 서민들은 많이 가입할 수 없어요."

➡ ____

9) 요즘은 어딜 가나 이런 주문을 들으니 정말 피곤해요.

"자기를 계발하기 위해 끊임없이 노력하세요."

➡ ____

말을 더듬다	늦게 도착하다	불시에 멈추다
혼자 살아 보다	선발로 활약하다	장기를 기증하다
회사를 그만두다	등교 시간을 늦추다	길게 이야기를 나누다

1) 유학을 오기 전까지는 ________________________ 경험이 없습니다.

2) 그 친구는 마음이 급해지면 ________________________ 버릇이 있어요.

3) 김 과장은 ________________________ 각오를 하고 부장님께 쓴소리를 했다.

4) 열차 고장으로 승객 250여 명이 예정보다 목적지에 ________________________ 불편을 겪었다.

5) 승강기가 ________________________ 일이 없도록 매달 안전 점검을 철저히 하고 있습니다.

6) 아이들이 충분한 수면을 취하고 아침 식사를 제대로 하도록 ________________________ 방안이 제시되었다.

7) 윤석훈 선수가 부상에서 회복되어 다음 경기부터 ________________________ 가능성이 크다.

8) 질병관리본부의 조사에 따르면 사후에 ________________________ 의향이 있다는 대답이 전체의 47.7%였다.

9) 그 친구와 함께 수업을 들은 적은 있지만 서로 인사만 하고 지나쳤을 뿐 ________________________ 기억은 없다.

 알맞은 것을 골라 대화를 완성하십시오.

1)

유학을 준비하다	제대로 배워 오다
독일로 공부하러 가다	자기 길을 찾아 떠나다

가: 지은이 있잖아. 다음 학기에 휴학하고 ________________________ 이야기 들었어?

나: 그래? ________________________ 소문은 들었지만 이렇게 빨리 가게 될 줄은 몰랐네.

가: 그러게 말이야. 현악기 제작 방법을 ________________________ 결심은 알고 있었지만. 유학 생활이 그리 쉽지는 않을 텐데. 휴….

나: 웬 한숨이야? 너도 유학 가고 싶은 거야?

가: 친구들이 ________________________ 것이 부럽기도 하고 나만 제자리인 것 같아 좀 불안하기도 하고 그래서.

나: 나도 그런 마음이 없지는 않지만 각자 삶의 속도가 다른 거라고 생각해.

2)

그런 범죄가 있다	남의 돈을 빼 가다	휴대폰 없이 살다
청첩장이 도착하다	중요한 개인 정보가 빠져나가다	

가: 요즘 문자 메시지로 ________________________ 사건이 많대요.

나: 문자 메시지로 어떻게 돈을 빼 가요?

가: 예를 들면 ________________________ 문자 메시지와 함께 인터넷 주소를 보내는 거예요. 그걸 누르면 소액이지만 자동으로 결제가 이루어지는 거고요.

나: 요즘은 결혼이나 돌잔치를 알릴 때 인터넷 초대장을 많이 보내니까 ________________________ 사실을 모르는 사람은 십중팔구 누르게 되겠네요.

가: 그렇죠. 소액 결제에서 그치면 다행이지만 휴대폰에 있는 ________________________ 경우도 있으니 무섭죠.

나: 요즘 같은 세상에 ________________________ 용기는 없고 정말 조심하는 수밖에 없겠네요.

  보기 와 같이 문장을 만드십시오.

보기 믿음을 가지다

⇨ 내가 노력한 만큼 세상이 더 좋아질 것이라는 믿음을 가지고 있다.

1) 소문을 듣다

⇨

2) 연락을 받다

⇨

3) 고백을 받다

⇨

4) 질문을 하다

⇨

5) 독촉 문자를 받다

⇨

6) 가능성이 높다

⇨

7) 사건이 벌어지다

⇨

8) 경험이 있다

⇨

9) 장면이 인상적이다

⇨

1)

| 보류되다 | 조심하다 | 운항하다 | 뛰어오르다 |

　이 섬에서 배로 30여 분 가면 돌고래가 출현하는 곳이 있습니다. 옛날에는 배가 위험한 항로로 접어들면 돌고래가 나타나 _________________ 경고를 보냈다는 전설도 있습니다. 백여 마리의 돌고래들이 물 위로 높이 _________________ 모습은 정말 장관입니다. 얼마 전에는 돌고래가 출현하는 지점까지 관광 여객선을 정기적으로 _________________ 제안도 나왔지만 환경단체의 반대로 잠정 _________________ 상황입니다.

2)

| 훼손하다 | 문제가 되다 | 흉기로 사용되다 | 어수선하게 만들다 |

　사진 촬영을 허용하는 박물관과 미술관에서도 '셀카봉' 사용은 금지하는 곳이 늘고 있다. 긴 막대가 유물이나 전시품을 _________________ 우려도 있고 셀카봉을 이용한 무리한 촬영이 진지한 감상 분위기를 _________________ 불만이 제기되었기 때문이다. 운동 경기장이나 축제 현장에서도 유사시에 _________________ 위험성 때문에 반입을 금하고 있다. 이처럼 개인에게 유용한 도구가 사회적으로는 _________________ 일이 발생하지 않도록 사용자들의 각별한 주의가 요구된다.

3)

| 사다 | 들춰보다 | 벗어나다 | 뜻대로 되지 않다 |

　그 만화의 끝 부분에서는 주인공이 무기력한 일상에서 _________________ 다짐을 하고 서점에 가서 자기계발서를 _________________ 장면이 나온다. 많은 독자들이 깊이 공감한 장면이 바로 그것이다. 인생이 _________________ 생각에 우울했을 때 서점에 서서 잠깐이라도 자기계발서를 _________________ 기억을 떠오르게 하기 때문이다.

6

유사·비유 표현

준비 다음을 보고 땀을 흘리는 모양이 무엇과 비슷해 보이는지 이야기해 보십시오.

　뒷말의 내용을 구체적으로 묘사하기 위해 그것과 유사한 동작이나 상황에 빗대어 표현할 때 사용한다.

- 그는 마치 갓난아이를 품에 안듯이 조심스럽게 도자기를 감싸 안고 밖으로 나왔다.
- 이 소설에서 묘사되는 인물들은 무언가에 쫓기듯 허둥지둥 살아가는 불안한 현대인의 자화상이다.
- 무대에 오른 참가자는 반주가 시작되자 목소리에 힘을 빼고 청중을 향해 속삭이듯이 노래를 부르기 시작했다.

　앞말의 내용과 마찬가지로 뒷말도 그러함을 나타낼 때 사용한다.

- 앉으면 눕고 싶고 누우면 자고 싶듯이 인간은 계속해서 편한 것만을 바라고 따른다.
- 기계도 안 쓰고 오래 놓아두면 고장 나듯이 사람도 적당히 움직이지 않으면 오히려 건강이 나빠집니다.
- 추석이 되자 전국의 고속도로는 지난 명절 때도 그랬듯 귀성 차량들로 극심한 정체를 빚었다.

　어떤 사실이 이미 알고 있는 것임을 확인하며 그 사실과 같은 내용을 말할 때 사용한다. '-다시피'로 바꿔 쓸 수 있다.

- 모두가 잘 알고 있듯이 그녀는 타고난 재능과 부단한 노력으로 세계적인 무용가가 되었다.
- 제가 누누이 말씀드렸듯이 그 사람은 이 일과는 아무 관계가 없습니다.
- 평론가들도 인정했듯 그동안 건축가 김지오의 작품은 예술성에 비해 저평가되어 온 것이 사실이다.

　관용적으로 다음과 같이 사용한다.

- 피곤한 모습으로 식당에 들어온 남자는 밥 한 그릇을 게 눈 감추듯이 먹어 치우고 자리에서 일어났다.
- 한겨울에 밖에서 보초를 서고 있으면 칼바람이 군복을 파고들어서 온몸이 정말 사시나무 떨듯 떨리지.
- 그 사람은 상황에 따라 손바닥 뒤집듯이 쉽게 태도를 바꿔서 주위로부터 신뢰할 수 없는 사람이라는 평을 듣습니다.

  알맞은 것을 골라 문장을 완성하십시오.

| 싸우다 | 자랑하다 | 쓰러지다 | 게임을 하다 | 친구들과 놀다 |

---

1) 어제는 너무 피곤한 나머지 집에 가자마자 ＿＿＿＿＿＿＿＿＿＿ 누워 잠이 들었다.

2) 해외여행을 다녀온 뒤 친구는 블로그에 ＿＿＿＿＿＿＿＿＿＿ 여행 사진을 잔뜩 올려놓았다.

3) 작가는 아이들이 ＿＿＿＿＿＿＿＿＿＿ 쉽고 재미있게 자신의 책을 읽기 바란다고 당부했습니다.

4) 그 사람들은 항상 ＿＿＿＿＿＿＿＿＿＿ 큰 소리로 이야기를 해서 옆에 있는 사람들을 깜짝 놀라게 한다.

5) 같은 또래의 배우들과 하는 작업이라 현장에서 ＿＿＿＿＿＿＿＿＿＿ 편한 마음으로 즐겁게 촬영하고 있어요.

  알맞은 것을 연결하여 문장을 완성하십시오.

1) 바늘 가는 데 실이 꼭 따라가다 ·   · 식물도 겨울에는 잠을 잔다고 합니다.

2) 겨울에 동물들이 겨울잠을 자다 ·   · 빌리가 가는 곳에는 늘 리사가 함께한다.

3) 사람도 운동을 많이 하면 몸에 열이 나다 ·   · 휴대 전화도 너무 오래 쓰면 뜨거워지는 게 당연하지.

4) 뜨거운 태양과 세찬 비바람이 벼를 익게 하다 ·   · 앞으로도 무엇인가는 사라지고 또 새롭게 탄생할 것이다.

5) 과거에 흔했던 공중전화, 종이 사전 등이 지금은 거의 사라지다 ·   · 인생의 고통과 시련은 인간을 더욱 성숙하게 한다.

1) ＿＿＿＿＿＿＿＿＿＿＿＿＿＿＿＿＿＿＿＿＿＿＿＿＿＿＿＿＿＿

2) ＿＿＿＿＿＿＿＿＿＿＿＿＿＿＿＿＿＿＿＿＿＿＿＿＿＿＿＿＿＿

3) ＿＿＿＿＿＿＿＿＿＿＿＿＿＿＿＿＿＿＿＿＿＿＿＿＿＿＿＿＿＿

4) ＿＿＿＿＿＿＿＿＿＿＿＿＿＿＿＿＿＿＿＿＿＿＿＿＿＿＿＿＿＿

5) ＿＿＿＿＿＿＿＿＿＿＿＿＿＿＿＿＿＿＿＿＿＿＿＿＿＿＿＿＿＿

  보기 와 같이 문장을 바꾸십시오.

> 보기 너는 내일 이곳을 떠나는 게 좋겠다고 내가 아까도 말했잖아.
>
> ⇨ 내가 아까도 말했듯이 너는 내일 이곳을 떠나는 게 좋겠어.

1) 앞서 전해 드린 것처럼 오늘은 미세 먼지 농도가 '나쁨' 수준인 만큼 외부 활동은 자제하시는 것이 좋겠습니다.

   ⇨ _______________________________

2) 대통령께서도 강조하셨다시피 앞으로 중소기업이 성장하는 데 도움이 되도록 다양하고 지속적인 지원을 해 나갈 예정입니다.

   ⇨ _______________________________

3) 24시간 운영되는 편의점은 상품별로 매출이 오르는 시간대가 다릅니다. 이런 사실은 아래의 그래프에서도 잘 나타납니다.

   ⇨ _______________________________

4) '돌발성 난청'은 어느 날 갑자기 귀가 먹먹해지면서 잘 안 들리는 증상이다. 그것은 '돌발성 난청'이라는 병명에서도 알 수 있다.

   ⇨ _______________________________

5) 개인 정보 보호법 개정에 따라 현재 사회 전반에서 주민 등록 번호를 수집하는 행위는 엄격히 제한되고 있다. 이에 대한 내용은 이미 언급한 바 있다.

   ⇨ _______________________________

연습 4 알맞은 것을 골라 대화를 완성하십시오.

게 눈 감추듯이	손바닥 뒤집듯이	사시나무 떨듯이
칼로 무 자르듯이	고양이 세수하듯이	

1) 가: 저기 좀 봐. 저 남자들 아까도 고기를 엄청 시키더니 또 주문하네.

   나: 응. 나도 봤어. 고기가 나오자마자 셋이서 _______________________________ 먹어 치우더라고.

2) 가: 너 번지 점프 해 봤어?

　　나: 아니. 난 고소 공포증이 있어서 조금만 높은 곳에 올라가도
　　　　　　　　　　　온몸이 부들부들 떨려.

3) 가: 다니엘은 그 사람한테 아직 미련이 남았나 봐요. 많이 힘들어하네요.

　　나: 아무리 헤어졌어도 사람 마음이란 게 ＿＿＿＿＿＿＿＿＿＿＿ 그렇게
　　　　쉽게 잘라지는 게 아니잖아요. 시간이 필요하겠죠.

4) 가: 유진 엄마, 새 부녀 회장은 어때? 열심히 하는 것 같아?

　　나: 말도 마. 뽑히기만 하면 뭐든 다 할 것처럼 얘기하더니 막상 당선되니까
　　　　　　　　　　　태도를 싹 바꾸는 거 있지?

5) 가: 어제 욕실 공사 시작했다면서 씻는 건 어떻게 했어요?

　　나: 샤워는 꿈도 못 꾸고 부엌에 있는 수도꼭지에서
　　　　얼굴만 대충 씻었어요. 오늘은 좀 개운하게 씻고 싶네요.

연습 5　알맞은 것을 골라 문장을 완성하십시오.

| 물밀듯이 | 소 닭 보듯이 | 가랑비에 옷 젖듯이 |
| 다람쥐 쳇바퀴 돌듯이 | 번갯불에 콩 볶아 먹듯이 | |

---

1) ＿＿＿＿＿＿＿＿＿＿＿＿＿＿ 일을 급하게 추진하다 보면 그르칠 위험이
있으므로 충분한 준비 기간을 가져야 한다.

2) 벚꽃 놀이가 한창인 요즘, ＿＿＿＿＿＿＿＿＿＿＿ 밀려드는 인파로
지난 주말 여의도는 인산인해를 이루었습니다.

3) 이번 뺑소니 사고는 지금껏 뚜렷한 증거가 나오지 않은 탓에 수사는
＿＿＿＿＿＿＿＿＿＿＿ 제자리걸음만 하고 있다.

4) 빌리는 평소엔 자기를 ＿＿＿＿＿＿＿＿＿＿＿ 무심하게 대하다가
필요할 때만 도와 달라고 하는 친구의 태도에 서운함을 느꼈다.

5) 적은 금액도 항상 신용카드로 결제하다 보니 ＿＿＿＿＿＿＿＿＿＿＿
결제 금액이 쌓여서 어느새 이번 달 카드 한도가 초과됐더라고요.

앞말의 내용처럼 추측해서 뒷말의 내용을 구체적으로 묘사할 때 사용한다.

- 금방이라도 비가 쏟아질 듯이 바람이 불고 하늘도 잔뜩 찌푸렸다.
- 편의점에 들어가 근처에 은행이 있는지 물었더니 직원은 동네 지리를 잘 아는 듯 자세히 약도를 그리며 설명했다.
- 비리 혐의를 인정하느냐는 기자들의 말에 정치인은 심기가 불편한 듯 굳은 표정으로 대답하지 않았다.
- 선수들은 지난번 실수를 만회하려는 듯이 더욱 혼신의 힘을 다해 경기에 임했습니다.

사실은 아니지만 앞말의 내용처럼 꾸밈을 나타낼 때도 사용한다.

- 오랜만에 다시 만난 그는 마치 나를 처음 만나는 듯이 어색해했다.
- 90년대에 유행했던 추억의 노래를 들으며 관객들은 그때로 돌아간 듯 즐거워했다.
- 경복궁에 갔을 때 문화재 해설사가 몇 백 년 전에 그곳에서 일어난 일을 직접 본 듯이 생생하게 이야기해 줘서 아주 좋았다.

관용적으로 다음과 같이 사용한다.

- 사람이 아무도 없는지 집안이 쥐 죽은 듯이 조용하네요.
- 속에 있던 고민을 털어 놓고 선생님과 상담하니 마음이 날아갈 듯이 가벼워졌다.
- 국내 한 제과 회사의 신제품이 날개 돋친 듯 팔려 나가자 경쟁사들도 비슷한 제품을 내놓기 시작했다.

연습 1 알맞은 것을 골라 문장을 완성하십시오.

| 귀찮다 | 때리다 | 넘어지다 | 관심 있다 |
| 화가 나다 | 들키지 않다 | 확신이 있다 | 통증을 느끼다 |

1) 어제 제시카가 나를 보더니 너랑 친하냐면서 ________________ 이것저것 물어보더라.

2) 그는 자신의 경영 철학에 대해 ________________ 시종일관 자신 있게 계획을 밝혀 나갔다.

3) 처음 한복을 입어 본 리사는 조금 걷다가 긴 치맛자락을 밟는 바람에 ______________
   비틀거렸다.

4) 상처 부위를 확인하기 위해 의사가 어깨를 만지자 환자는 ______________
   얼굴을 찡그렸다.

5) 내가 약속 시간에 늦어서 미안하다고 했는데도 왕밍은 ______________ 나에게
   눈길도 주지 않고 신문만 봤다.

6) 강아지가 고양이를 발로 툭툭 건드리자 고양이는 ______________ 몇 번 피하다가
   담장 위로 올라가 버렸습니다.

7) 장난을 좀 쳤더니 네 살짜리가 진짜 나를 ______________ 주먹을 쥐고 덤비는데
   어찌나 귀엽던지 웃음이 나더라고.

8) 예상 못한 질문을 받은 발표자는 당황한 표정을 사람들에게 ______________
   고개를 숙이고 발표지를 뒤적였다.

연습 2　대화를 완성하십시오.

1) 가: 이거 양념은 어떻게 한 거니? 소금 대신 간장이 들어간 것 같은데 맞니?
   나: 어떻게 아셨어요? 마치 ______________ 정확하게 말씀하시네요.

2) 가: 요즘 영상 통화를 하는 사람들이 많더라. 너도 해 봤어?
   나: 응. 화면으로 가족들 얼굴을 보면 아무리 멀리 있어도 ______________
   ______________ 가깝게 느껴져서 자주 해.

3) 가: 오 년 만에 친구를 다시 만나니까 기분이 어땠어요?
   나: 오랜만이었는데도 ______________ 여전히 익숙하고 편안했어요.
   역시 옛 친구가 좋은 것 같아요.

4) 가: 겨울용 등산복을 좀 보고 싶은데요. 요즘 어떤 게 잘 나가요?
   나: 이거 어떠세요? 입어 보시면 마치 ______________ 몸이 가벼워서
   활동하기 편하실 거예요. 따뜻한 건 말할 것도 없고요.

　　알맞은 것을 골라 문장을 완성하십시오.

| 씻은 듯이 | 찌는 듯이 | 날아갈 듯이 | 쥐 죽은 듯이 |
| 얼어붙은 듯이 | 날개 돋친 듯이 | 하늘을 찌를 듯이 | |

---

1) 내일도 오늘처럼 30도 안팎의 ______________ 더운 날씨가 이어지겠습니다.

2) 내가 제출한 작품이 수상했다는 소식을 들으니 기분이 정말 ______________ 좋다.

3) 자고 있는 아이의 얼굴을 보면 하루 동안 쌓인 피로가 ______________ 사라진다.

4) 50대 1의 경쟁률이 증명하는 것처럼 공무원 시험의 인기는 ______________ 높다.

5) 크고 사납게 생긴 개를 보고 너무 무서운 나머지 ______________ 꼼짝도 할 수 없었다.

6) 주말이라 늦잠 자고 점심때가 다 돼서 일어났더니 식구들은 일찍 나갔는지 집안이 ______________ 조용하더라고.

7) 본격적인 겨울철을 앞두고 실내 온기가 밖으로 빠져 나가는 것을 효과적으로 차단해 주는 단열 비닐이 ______________ 팔리고 있다.

　　알맞은 것을 골라 문장을 완성하십시오.

| 뛰다 | 뚫어지다 | 천하를 얻다 | 가시방석에 앉다 |

---

1) 오기 싫은 모임에 억지로 참석했더니 ______________ 마음이 불편하기만 하다.

2) 누나는 내용이 이해 안 되는지 아까부터 책을 ______________ 들여다보고 있다.

3) 경기 후반에 우리 팀이 극적으로 역전에 성공하자 관중들은 ______________ 기뻐하며 환호성을 질렀습니다.

4) 아침에 낚시하러 나가신 아버지께서 저녁에 대어 두 마리를 들고 ______________ 의기양양하게 집으로 돌아오셨다.

그런 것 같기도 하고 그렇지 않은 것 같기도 함을 나타낼 때 사용한다.

- 시간이 없어서 점심을 빵 하나로 대충 때웠더니 먹은 듯 만 듯 간에 기별도 안 가네.
- 첫눈은 오는 듯 마는 듯 눈발만 조금 날리다가 금방 그쳐서 모르고 지나갈 때가 많다.
- 분명히 아는 사람인데 이름이 생각날 듯 말 듯 머릿속에서만 맴돌고 얼른 떠오르지 않아서 답답하다.

연습 1 알맞은 것을 골라 대화를 완성하십시오.

될 듯 말 듯	필 듯 말 듯	먹은 듯 만 듯
웃는 듯 마는 듯	떨어질 듯 말 듯	

1) 가: 모나리자의 미소가 뭐가 그렇게 신비롭다는 거야?

　　나: 입꼬리가 살짝 올라가서 ＿＿＿＿＿＿＿＿＿＿＿＿ 묘해 보여서 그렇대.

2) 가: 나타폰이 눈물이 ＿＿＿＿＿＿＿＿＿＿＿＿ 글썽글썽하던데 무슨 일이

　　있었어요?

　　나: 글쎄요. 저는 잘 모르겠는데요.

3) 가: 조금 전에 제가 가르쳐 드린 것들 다 이해하셨어요?

　　나: 마지막으로 한 번만 더 가르쳐 주세요. 이해가 ＿＿＿＿＿＿＿＿＿＿

　　하네요.

4) 가: 우리 뭐 좀 먹으러 갈래? 배고프다.

　　나: 좋아. 나도 점심을 바나나 하나로 때웠더니 ＿＿＿＿＿＿＿＿＿＿

　　속이 허전하네.

5) 가: 주말에 산에 가서 꽃 사진 많이 찍어 왔어요?

　　나: 아니요. 요즘 좀 쌀쌀해서 그런지 아직은 꽃이 ＿＿＿＿＿＿＿＿＿＿

　　꽃봉오리만 작게 맺혀 있더라고요.

 알맞은 것을 골라 문장을 완성하십시오.

사다 　 알다 　 자다 　 하다 　 들리다 　 보이다 　 끊어지다

---

1) 가방을 하도 오래 들고 다녀서 끈이 ＿＿＿＿＿＿＿＿＿＿ 아슬아슬해요.

2) 오전 내내 청소를 한다고 했는데 ＿＿＿＿＿＿＿＿＿ 청소한 티도 안 나네요.

3) 어떤 손님이 물건을 ＿＿＿＿＿＿＿＿ 한참 만지작거리더니 그냥 가 버리더라고.

4) 요즘 유행하는 신조어에는 ＿＿＿＿＿＿＿＿＿ 파악하기 힘든 의미를 가진
   단어들이 많습니다.

5) 야단을 치시는 아버지 앞에서 아이는 고개를 숙인 채 ＿＿＿＿＿＿＿
   모기만 한 소리로 대답했다.

6) 오늘이 기획안 제출일이라 밤새 일하다가 새벽에 한 시간 자고 출근했더니 ＿＿＿＿
   ＿＿＿＿＿＿＿＿＿ 온종일 정신이 몽롱하다.

7) 앞으로는 소비자가 수입품 원산지를 쉽게 확인할 수 있도록
   ＿＿＿＿＿＿＿＿ 작았던 글자 크기를 더 크게 확대할 예정이라고 합니다.

 알맞은 것을 골라 대화를 완성하십시오.

닿다 　 불다 　 울다 　 내리다 　 무너지다 　 무슨 말을 하다

---

1)
수현: 와, 오늘 날씨 진짜 푹푹 찐다.
왕밍: 네. 바람도 ＿＿＿＿＿＿＿＿＿ 너무 약해서 하나도 안 시원해요.
수현: 비가 좀 와야 할 텐데 큰일이야. 가뭄이 아주 심하다던데.
왕밍: 그러게요. 어쩌다가 비가 와도 ＿＿＿＿＿＿＿＿＿ 조금 오다가 말아서
　　　금방 다 말라 버리더라고요.

2)

올가: 아까 리사를 우연히 봤는데 ___________________________ 얼굴을 찡그리고 있더라.

유진: 그래? 진짜 무슨 일이 있나 보네.

올가: 왜? 리사가 너한테 뭐라고 했어?

유진: 아니. 어제 리사한테서 전화가 왔었는데 ___________________________ 한참 뜸을
　　　들이더니 그냥 끊더라고. 이따가 한번 연락해 봐야겠다.

3)

다니엘: 저게 뭐예요? 작은 돌을 층층이 쌓아 놓은 게 여기저기에 많네요.

민　호: 아, 저건 '돌탑'이라는 건데 이 산을 오가는 사람들이 돌을 하나씩 계속 쌓아
　　　　올리면서 소원을 비는 거예요.

다니엘: ___________________________ 아슬아슬해 보이는데도 안 무너지는 게 참 신기하네요.

민　호: 그렇죠? 손을 위로 쭉 뻗어도 ___________________________ 한데 저렇게 높이
　　　　어떻게 쌓았는지 정말 대단해요.

메모

어떤 모양을 하고 있음을 나타내며 그렇지 않은 것을 그런 것처럼 꾸밈을 나타낼 때 주로 사용한다.

- 저녁 늦게 집으로 돌아온 그는 종일 아무것도 못 먹은 양 허겁지겁 밥을 먹었다.
- 상대방이 무안해할까 봐 들어서 이미 알고 있는 농담도 처음 듣는 양 크게 웃을 때가 있습니다.
- 누군가가 마치 나인 양 주위 사람들에게 문자를 보내서 돈을 빌렸다는 이야기를 듣고 경찰에 신고했어요.
- 끝까지 최선을 다했으나 결국 메달 획득에 실패하고 선수는 무슨 큰 죄라도 지은 양 고개를 푹 떨구었다.

연습1 알맞은 것을 골라 문장을 완성하십시오.

| 내 일이 아니다 | 자랑이라도 되다 | 자기 혼자만 알다 |
| 어제 있었던 일이다 | 자기 자식이라도 되다 | |

1) 제시카는 반려동물이 마치 ＿＿＿＿＿＿＿＿＿ 애지중지한다.

2) 벌써 삼십 년도 더 된 이야기지만 ＿＿＿＿＿＿＿＿＿ 아직도 기억이 선명하다.

3) 저 사람은 누구나 다 아는 것도 마치 ＿＿＿＿＿＿＿＿＿ 으스대서 사람들이 싫어해요.

4) 김 대리는 지각한 게 무슨 ＿＿＿＿＿＿＿＿＿ 오늘은 오 분밖에 안 늦었다고 큰 소리로 떠들고 있네.

5) 우리 사회에서 일어나는 많은 문제들을 ＿＿＿＿＿＿＿＿＿ 그저 구경만 하거나 외면해서는 안 됩니다.

연습2 　보기　와 같이 문장을 완성하십시오.

　보기　 인터넷에서 본 걸 **본인이 직접 겪은 일인 양** 이야기하는 사람들이 있다.

1) 그 사람은 사건에 대해 다 알면서도 ＿＿＿＿＿＿＿＿＿ 오히려 나에게 되물었다.

2) 선배의 말이 무척 기분 나빴지만

　　웃어넘기느라고 정말 힘들었어요.

3) 그는 오늘 처음 만났는데도

　　나에게 친근하게 말을 걸었습니다.

4) 빌리 형은 나랑 나이도 비슷하면서

　　항상 이런저런 잔소리를 해서 좀 피곤해.

5) 내 친구는 항상 우리 집에 오면

　　자연스럽게 냉장고 문을 열고 음식을 꺼낸다.

연습 3　　알맞은 것을 골라 글을 완성하십시오.

모르다	하지 않다	자기 것이다
감기에 걸리다	어머니의 손이다	자기가 어머니이다

1)
　　　한국어에 '시치미를 떼다'라는 표현이 있다. 원래 '시치미'란 사냥용 매의 꽁지 부분에 매달아 놓은 일종의 이름표인데 사람들이 남의 매에 달려 있는 시치미를 잡아떼고 그 매가 마치 　　　　　　　　　　　　 데려가 버린 데서 이 말이 유래했다고 한다. 따라서 요즘도 '시치미를 떼다'는 어떤 일을 하고도 　　　　　　　　　　　　　, 무엇을 알면서도 　　　　　　　　　　　 일부러 뻔뻔하게 행동한다는 의미로 사용한다. '시치미를 떼다' 대신 '잡아떼다'라고 표현하는 것도 같은 이유이다.

2)
　　　어머니를 꿀꺽 삼킨 호랑이는 아직도 배가 차지 않았는지 어머니의 옷을 입고 오누이가 있는 집으로 갔다. 그리고 마치 　　　　　　　　　　　 오누이에게 문을 열어 달라고 했다. 아이들이 엄마 목소리가 이상하다고 하자 호랑이는 감기에 걸려서 그렇다며 정말로 　　　　　　　　　　　 목소리를 바꾸고 심하게 기침을 했다. 그래도 아이들이 믿지 않자 이번에는 손에 밀가루를 묻히고 그것이 　　　　　　　　　　　 아이들에게 내밀었다. 하얗고 부드러운 손을 본 오누이는 엄마라고 안심하고 문을 열었다.

실제로 앞의 내용을 말한 것은 아니지만 마치 그렇게 말하는 것처럼 뒤의 행동을 함을 나타낼 때 사용한다.

- 검은 돌을 잡은 사람이 먼저 한 수 두자 상대방은 그럴 줄 알았다는 듯이 바로 옆에 자신의 돌을 내려놓았다.
- 이어폰을 끼고 음악을 듣던 남자는 같이 듣자는 듯 말없이 한쪽 이어폰을 여자에게 내밀었다.
- 투수가 정면으로 던진 공을 타자가 기다렸다는 듯 바로 홈런으로 연결시키더라.
- 밤새 바람이 무섭게 불었는데 아침에 일어나니 언제 그랬냐는 듯 잠잠해져 있었다.
- 나는 언젠가 꼭 성공해서 보란 듯이 당당하게 사람들 앞에 나타나겠다고 결심했다.

연습 1　알맞은 것을 골라 문장을 완성하십시오.

“잘 가요.”　“집에 가자.”　“도와주세요.”　“너무 비싸네.”　“지금 몇 시예요?”

---

1) 남자는 옷에 붙어 있는 가격표를 확인하더니 ___________________________
　 눈을 크게 떴다.

2) 산을 내려올 때 가지에 달린 나뭇잎들이 마치 ___________________________
　 바람에 흔들렸습니다.

3) 빌리가 아침에 학교에 늦게 오니까 칼리드가 ___________________________
　 손으로 시계를 가리켰다.

4) 주소가 적힌 종이를 들고 주위를 두리번거리던 할아버지는 ___________________________
　 지나가는 남자에게 말을 걸었다.

5) 가게에서 엄마가 물건을 고르고 있는데 아이가 ___________________________
　 엄마의 옷을 계속 잡아끌더군요.

  알맞은 것을 골라 문장을 완성하십시오.

보란 듯이   기다렸다는 듯이   언제 그랬냐는 듯이   아무 일 없었다는 듯이

---

1) 그 가수는 죽을 만큼 피곤하다가도 무대에만 올라가면

   힘이 펄펄 난대요.

2) 돌부리에 걸려 넘어진 남자는 벌떡 일어나더니

   가던 길을 계속 걸어갔다.

3) 회사 생활은 어떠냐는 나의 질문에 친구는

   그동안 쌓였던 불만을 쏟아 내기 시작했다.

4) 신생 팀이라 전력이 약할 것이라는 당초의 예상을 깨고 경희 FC는

   3경기 연속 무패 행진을 이어갔다.

연습 3   보기 와 같이 문장을 완성하십시오.

> 보기   내가 유진의 비밀을 제시카에게 말했더니 유진은 **그 얘기를 하면 어떡하냐는 듯이**
> 나를 째려봤다.

1) 호세가 혼자 밥을 먹고 있으니까 칼리드가

   호세 쪽으로 다가갔다.

2) 선수는 심판의 판정을 확인하고

   어이없는 표정을 지었습니다.

3) 오늘도 윗집에서 쿵쿵하는 소리가 들리자 아내는

   인상을 쓰며 손으로 귀를 막았다.

4) 빌리의 노래를 듣고 내가 킥킥거렸더니 리사가

   내 옆구리를 손가락으로 쿡 찔렀다.

5) 수지가 무척 화가 나 있길래 칸에게 이유를 물었더니 칸이

   어깨를 한 번 으쓱했다.

6) 칸과 나타폰이 같이 밥을 먹는 것을 본 다니엘은 ____________________
번갈아 가며 두 사람을 쳐다봤다.

7) 사무실에 새로 들여 놓은 컴퓨터를 사용해 본 후 김 대리는 ____________________
____________________ 옆 자리 동료를 향해 엄지손가락을 올려 보였다.

연습 4 알맞은 것을 골라 글을 완성하십시오.

"귀찮아."	"먹기 싫어."	"가지 마세요."
"언제 그랬어요?"	"아무 관심 없어."	"계속 기다렸어요."

개들은 서열을 정하려는 본능이 있다고 한다. 우리 집 강아지 바둑이는 내가 먹을 것을 주면 ____________________ 입을 다물고 고개를 돌리는데 우리 엄마가 주시면 바로 받아먹는다. 또 엄마가 밖에 나가려고 신발을 신으시면 바둑이는 항상 ____________________ 엄마를 슬픈 눈으로 바라보며 '낑낑' 소리를 낸다. 그래서 엄마가 머리를 쓰다듬어 주시면 ____________________ 바로 혀를 내밀고 좋아서 꼬리를 마구 흔든다. 엄마가 외출을 마치고 집에 돌아오시면 바둑이는 마치 ____________________ 엄마를 향해 달려간다. 엄마한테는 이렇게 하지만 나한테는 ____________________ 내가 나가든 들어오든 바둑이는 나를 쳐다보지도 않는다. 내가 아무리 불러도 ____________________ 꼼짝도 안 한다. 바둑이한테 나는 자기보다 서열이 낮은가 보다.

7

양보 표현

동사 다손 치더라도

동사 (으)ㄴ들

동사 기로서니

동사 (으)ㄹ망정, 동사 (으)ㄹ지언정

동작동사 는 한이 있더라도/있어도

동사 아/어 봤자

동사 (으)랴마는, 동사 겠냐마는

 다음 대화를 완성해 보십시오.

1 동사 다손 치더라도

앞말의 내용을 가정한다고 하더라도 그것이 뒷말의 내용에 영향을 주지 않음을 나타낼 때 사용한다. '설사, 설령, 설혹'과 함께 쓰여 앞말의 내용을 강하게 가정함을 나타낸다.

- 두 사람이 설혹 서로에게 호감을 느낀다손 치더라도 살아온 환경이 너무 다르기 때문에 쉽게 맞어지기는 힘들 것이다.
- 이번 수술을 통해 설사 종양이 완벽히 제거된다손 치더라도 수술 후에 심각한 뇌기능 장애를 남길 수 있습니다.
- 설사 본체가 멀쩡하다손 치더라도 액정이 파손되었다면 차라리 스마트폰을 새로 장만하는 것이 낫다.
- 바다에서 비행기 잔해를 인양한다손 치더라도 블랙박스가 발견되지 않는 한 정확한 사고 원인을 밝히기는 어려울 것이다.
- 요리 자격증 심사에서 제한 시간을 넘기게 되면 설령 훌륭한 요리를 만들었다손 치더라도 실격 처리됩니다.

연습1 알맞은 것을 골라 대화를 완성하십시오.

책을 읽다   내가 잘못하다   실력이 남아 있다   그 책의 주장이 다 맞다

---

1) 가: 이번에 복귀한 김문섭 선수 말이야. 어제 경기 보니까 기량이 예전만 못하더라고.

　　나: 나이가 있는데 _________________________ 전성기만 하겠어?

2) 가: 은영이랑 화해 못했어? 아직 화가 나 있는 것 같던데.

　　나: 자존심 버리고 먼저 사과했는데 소용이 없네. 설사 _________________________

　　　　사람이 사과를 하면 좀 받아 줘야지.

3) 가: 올해부터 매달 나오는 신간들을 읽고 서평을 써 보기로 결심했는데 두 달도 안 돼서 결심이 흔들리네요.

　　나: 목표를 좀 낮춰 봐요. 제아무리 부지런을 떨면서 _________________________

　　　　그렇게 많은 작품들을 다 읽기는 어렵죠.

4) 가: 저자의 경험과 직관에 의존하고 있기는 하지만 현 사회 문제의 원인이 그 책에서 주장한
바와 일치하는 건 사실 아닙니까?

　나: 설령 ＿＿＿＿＿＿＿＿＿＿＿＿＿＿＿＿ 논리적 근거가 부족하다는 비판은 피할 수
없을 겁니다.

 문장을 완성하십시오.

1) 설사 이번 일이 ＿＿＿＿＿＿＿＿＿＿＿＿＿＿＿＿ 실패에서 배우는 바가 많을 겁니다.

2) 남북이 언제 통일될지 모르니 설사 어머니께서 돌아가시지 않고 ＿＿＿＿＿＿＿＿＿＿
＿＿＿＿＿＿＿＿＿＿ 북에 계신 어머니와 상봉할 확률은 점점 줄어만 간다.

3) 설령 ＿＿＿＿＿＿＿＿＿＿＿＿＿＿＿＿ 그 행운을 맞이할 준비가 되어 있지 않으면
행운이 찾아온지도 모른 채 그냥 지나쳐 버리고 말 것이다.

4) 오랫동안 동고동락한 동료에게 그렇게 심한 말을 했다니 믿기 어렵네요. 그 사람이 설사
＿＿＿＿＿＿＿＿＿＿＿＿＿＿＿＿ 진심으로 한 말은 아닐 거예요.

 글을 완성하십시오.

1)
　　올림픽 금메달리스트 빌 레이먼이 금지된 약물을 사용한 것으로 드러나 금메달이
취소되었다. ＿＿＿＿＿＿＿＿＿＿＿＿＿＿＿＿ 수단이 잘못되었다면
진정한 승리가 아니다. 승부를 떠나 최선을 다해 경기에 임하는 스포츠맨 정신이
아쉽다.

2)
　　얼마 전 서해고속도로에서 심한 안개로 차량 일곱 대가 추돌하는 대형 사고가 있었다.
그간 서해고속도로에서 안개로 인한 크고 작은 차량 사고가 잇따르는데도 도로공사는
별다른 사고 예방 조치를 취하지 않고 있다. 물론 이번 사고의 원인은 안전거리를
지키지 않은 운전자에게 있다. 그러나 이번 사고의 책임이 ＿＿＿＿＿＿＿＿＿＿
＿＿＿＿＿＿＿＿＿＿ 도로공사는 사고에 대한 비난을 피하기는 어려울 것이다.

앞말을 가정하거나 인정한다고 해도 그 결과가 예상이나 기대와 다름을 나타낼 때 사용한다. 뒷말에 주로 되묻는 문장이나 부정적인 내용의 문장이 와서 앞말의 결과로서 기대되는 내용에 대한 강한 부정을 나타낸다.

- 헤어져 있은들 내가 당신을 잊겠소?
- 고추가 매운들 시집살이보다 더 매울까?
- 제아무리 백만장자라 한들 돈을 그렇게 마구 써 대다가는 금세 파산하게 될 것이다.
- 아무리 운동을 열심히 한들 식사량을 줄이지 않는다면 다이어트에 성공하기 어렵다.

연습1 **보기** 와 같이 문장을 완성하십시오.

> **보기** 월급이 오르다 / 씀씀이를 줄이지 않는다 / 돈이 모이겠어요?
>
> ⇨ <u>월급이 오른들 씀씀이를 줄이지 않는다면 돈이 모이겠어요?</u>

1) 옆에서 아무리 챙겨 주다 / 본인이 불편해 하다 / 무슨 도움이 되겠어?

   ⇨ ____

2) 제아무리 의욕이 넘치다 / 실력이 부족하다 / 끝까지 해낼 수 있겠어?

   ⇨ ____

3) 영양제를 잘 챙겨 먹다 / 그렇게 운동을 안 하다 / 건강을 지키기 어렵죠.

   ⇨ ____

4) 돈과 명예를 다 가지다 / 건강을 잃다 / 그게 무슨 소용이냐?

   ⇨ ____

5) 아무리 남들이 부러워하는 직장이다 / 자기 적성에 맞지 않다 / 계속 다닐 수 없을 것이다.

   ⇨ ____

연습2 보기 와 같이 문장을 바꾸십시오.

> 보기   이 많은 음식을 다 먹어도 배가 안 찰 것이다.
>
> ⇨ <u>이 많은 음식을 다 먹은들 배가 차겠어?</u>

1) 그 탐욕스런 성격에 많은 유산을 모두 차지해도 만족하지 못할 것이다.

   ⇨

2) 그 친구가 제아무리 재주가 좋아도 그 일을 해결하기는 쉽지 않을 텐데.

   ⇨

3) 수업에 집중하지 않는다면 하루 종일 수업을 들어도 제대로 배울 수 없을 거야.

   ⇨

4) 지금 집에 가도 아무도 없을걸.

   ⇨

연습3 다음을 듣고 대화를 완성하십시오.

1)

가: 행복한 결혼 생활에는 조건보다 사랑이 중요한 것 같아.

나: 맞아.

2)

가: 잔소리가 나쁜 습관을 고치는 데 소용이 없군요.

나: 그럼요.

앞말의 내용을 인정해도 그 결과가 예상보다 정도가 지나침을 나타낼 때 사용한다. 앞에 주로 '아무리'와 함께 쓰며 뒤에는 주로 되묻는 문장이나 부정문이 와서 뒷말의 내용을 화자가 마음에 들어 하지 않거나 부정함을 나타낸다. 줄여서 '-기로', '-기로서'의 형태로도 쓴다.

- 아무리 돈이 없기로서니 남의 돈을 훔쳐서야 되겠는가?
- 아무리 능력이 뛰어나기로서니 그렇게 동료들을 무시하면 안 된다.
- 아무리 눈치가 없기로서니 당사자 앞에서 그런 얘기를 하면 어떡하니?
- 회사일이 힘들기로서니 그만두겠다는 말을 그렇게 쉽게 하면 안 되죠.

연습 1 대화를 완성하십시오.

1) 가: 자기야, 화 많이 났어? 미안해. 오늘 너무 바빠서 정신이 없었어.

   나: 아무리 _________________________ 하루 종일 전화 한 통 할 시간도 없었어?

2) 가: 죄송합니다, 대리님. 제가 아는 내용이 나와서 그만.

   나: 아무리 _________________________ 전체 회의에서 부장님께서 말씀하실 때

   끼어들면 안 되지요.

3) 가: 연희가 이번 시험에 빵점을 맞았대. 시험공부를 안 했다고 하더라고.

   나: 정말? 아무리 _________________________ 어떻게 빵점을 맞을 수가 있지?

4) 가: 옷 한 벌 고르는 데 몇 시간째야? 다리 아파 죽겠네.

   나: 아니, 내가 아무리 _________________________ 남자 친구가 돼서

   그렇게 말해야겠어?

5) 가: 지난번 실험 실패 때문에 이번 신약 개발이 중단될지도 모른대요.

   나: 정말요? 아닐 거예요. _________________________ 지금껏 노력한

   제품 개발을 포기한다는 건 말이 안 되잖아요.

보기　**제가 아무리 실수를 했기로서니** 그렇게 말씀하시면 안 되지요!

1) _______________________________ 아무 연락 없이 사라지면 되니?

2) _______________________________ CF 출연료가 30억이 넘는다니 말이 돼?

3) _______________________________ 첫 만남에서 결혼하자고 하는 건 아니지!

4) _______________________________ 다른 사람들 앞에서 망신을 주면 안 되지요.

연습 3　다음을 듣고 대답하십시오.

통사 (으)ㄹ망정, 통사 (으)ㄹ지언정

앞말의 내용을 인정하거나 가정하더라도 뒤에 일반적으로 그럴 것이라고 생각되는 것과는 상반된 내용이 와서 그 내용을 강조할 때 사용한다. '비록'과 함께 쓰여 앞말의 내용이 그러하다고 하여도 뒷말의 내용이 중요함을 나타낸다. 서로 바꿔 쓸 수 있으나 '-(으)ㄹ지언정'이 더 강한 느낌을 준다.

- 비록 소수일망정 그들의 목소리를 절대로 무시하지 말아야 한다.
- 얼굴은 꾀죄죄할망정 소년의 눈매는 힘 있고 낯빛은 귀티가 흘렀다.
- 직업의 선호는 있을지언정 직업에 귀천은 없다.
- 이번 개혁은 정치적으로 실패했을지언정 경제적으로는 긍정적인 효과를 가져왔다.

'-지는 못할망정' 형태로 사용하여, '앞말의 내용대로 해야 바람직한데 오히려'의 의미로, 놀람, 어이없음, 안타까움 등을 나타낸다.

- 넌 시험에 떨어진 아이를 위로해 주지는 못할망정 그렇게 심하게 야단을 치니?
- 고생한 사람들에게 박수를 쳐 주지는 못할망정 뒤에서 험담은 하지 말아야지.
- 어려운 시기에 전 직원이 합심하여 극복하지는 못할망정 제 살길만 찾으려 하니 회사가 제대로 되겠습니까?

앞말에 부정적이거나 극단적인 상황을 가정하여, 그런 경우에도 뒷말의 결심이나 의지가 확고함을 나타낼 때 사용한다. '-(으)ㄹ지언정'이 더 강한 느낌을 준다.

- 두 팔로 기어갈지언정 끝까지 포기하지 않고 결승점을 통과하겠다.
- 자식 없는 노인네마냥 양로원에 갈지언정 늙어서 자식들의 짐이 되고 싶지 않다.
- 내 비록 스스로 죽음을 선택할망정 살아서 치욕은 당하지 않겠다.

연습1 알맞은 것을 골라 문장을 완성하십시오.

지쳐 가다	돈을 잃다	잘못을 저지르다
무승부로 끝나다	허름하고 누추한 곳이다	

1) 비록 ＿＿＿＿＿＿＿＿＿＿＿＿＿＿ 이렇게 다리 뻗고 쉴 수 있는 집이 있다는 건 행복한 일이 아닌가!

2) 계속된 산행으로 몸은 비록 피곤으로 ＿＿＿＿＿＿＿＿＿＿ 정신만은 더욱 또렷해진다.

3) 비록 ＿＿＿＿＿＿＿＿＿ 자존심은 굽히고 싶지 않다.

4) 한때 과도한 욕심으로 인해 ______________________ 그것을 반성하고 뉘우치는
마음을 가졌다면 잘못을 되돌릴 방법도 찾을 수 있을 것이다.

5) 월드컵 준결승 경기는 ______________________ 우리 선수들의 경기 내용은 기대
이상이었다.

연습 2 ‘-지는 못할망정’을 사용하여 문장을 완성하십시오.

1) 어려운 사람을 보면 ______________________ 오히려 사기를 치다니 천하의 몹쓸
놈이로구나!

2) 피해를 입혔으면 우리에게 ______________________ 적반하장으로 고소를 하다니
어이가 없다.

3) 그는 모진 세월, 홀로 자신을 키워낸 어머니에게 ______________________ 오히려
원망만 쏟아내고는 연락을 끊어 버렸다.

4) 어려운 경제 상황 속에서 최근 일부 지방 자치 단체가 사회적 약자를 위한 지원을
______________________ 기존의 혜택도 축소하고 있어 논란이 되고 있습니다.

5) 올림픽에 나가 최선을 다한 선수들을 ______________________ 메달을 따지 못했다고
해서 비난과 비판만 일삼는다면 선수들이 얼마나 큰 좌절감을 느끼겠습니까?

연습 3 알맞은 것을 연결하여 문장을 만드십시오.

1) 평생 혼자 살다   •   •   그 가격으로는 절대 팔 수 없다

2) 물건을 창고에 쌓아두다   •   •   이 공연은 꼭 해 보고 싶다

3) 이대로 죽다   •   •   당신이 아닌 다른 남자와는 결혼하지
않겠다

4) 극단이 망해서 거리에 나앉다   •   •   산소호흡기 따위에 매달려 삶을 연장할
마음은 없다

1) ____

2) ____

3) ____

4) ____

 글을 완성하십시오.

1)

Q 아파트 구입 때문에 대출을 받아야 하는데 금액이 커서 이자를 많이 내야 합니다. 대출 이자를 조금이라도 적게 내는 방법이 없을까요?

A 한 은행에서 대출을 모두 받으시는 것보다 두 곳의 은행에서 나누어 대출 받으시는 것이 좋을 것 같습니다. 나누어 대출 받으시는 것이 비록 ______________________________ 대출 금리 면에서 훨씬 더 유리합니다.

2)

　　박선영은 그의 신간 『엄마들의 선택』에 집에서는 아이들의 엄마로, 직장에서는 프로로 두 가지 역할을 해 내느라 힘들게 살고 있는 일곱 명의 전문직 여성들과의 인터뷰를 담았다. 이 책에서 그는 아이가 있더라도 자신의 경력을 유지하기 원한다면 집과 직장에서 ______________________________ 자신의 선택을 포기하지 말라고 조언한다.

3)

　　벤처 기업들이 힘들게 개발한 기술들이 정부의 이런저런 규제로 실용화되지 못해 벤처 업계가 어려움을 겪고 있습니다. 최근의 기술 개발을 따라가지 못한 규제들이 많기 때문인데요. 정부가 나서서 벤처가 활성화되도록 ______________________________ 이미 개발한 기술을 실용화하지 못하게 방해하지는 말아야겠습니다.

4)

　　그의 작품이 점점 난해해지자 언론은 혹평했고 대중은 이해하지 못했다. 화가 김익중은 점점 언론과 대중의 관심에서 멀어져갔다. 그러나 그는 비록 사람들로부터 계속 ______________________________ 영원히 남을 궁극의 예술성을 추구하겠다며 그의 작품의 수위를 높여 갔다.

5 동작동사는 한이 있더라도/있어도

앞말의 불가능하거나 극단적인 상황을 가정하더라도 뒷말의 각오나 결심, 의지가 앞말의 상황에 영향을 받지 않음을 나타낼 때 사용한다. '있다', '없다'에도 붙을 수 있다

- 하늘이 두 쪽 나는 한이 있더라도 한번 한 약속은 끝까지 지킨다.
- 목에 칼이 들어오는 한이 있더라도 두 왕을 섬길 수는 없다.
- 도서관 책을 다 뒤지는 한이 있어도 그 자료는 꼭 찾고 말겠다.
- 자신의 생명이 위험에 처하는 한이 있더라도 다른 사람의 생명을 살리는 것이 의사의 사명이다.

연습 1 **보기**와 같이 문장을 만드십시오.

> **보기** 회사에서 해고당하다 / 비리는 꼭 밝혀내다
>
> ⇨ 회사에서 해고당하는 한이 있더라도 비리는 꼭 밝혀내고 말겠다.

1) 밥을 굶다 / 꿈을 포기할 수는 없다

⇨

2) 모두에게 욕을 먹다 / 진실을 꼭 밝히다

⇨

3) 내 눈에 흙이 들어오다 / 이 결혼은 찬성할 수 없다

⇨

4) 옷을 벗다 / 그 사건은 꼭 해결하고 말겠다

⇨

5) 계약금의 세 배를 물어주다 / 계약을 해지하겠다

⇨

 글을 완성하십시오.

1)

이병준 사장은 자신의 경영 철학을 다음과 같이 말했다. "초기에 30억 수출 계약 건을 놓고 중개 회사에서 뇌물을 요구하더군요. 저희에겐 무척 중요한 계약이었지만 며칠을 고민하다가 거절했어요. 그때 저는 앞으로 ___________________________________ ___________________________ 고 결심했어요." 다행히 회사는 문을 닫지 않았고 부당한 거래를 하지 않고도 크게 성장하였다.

2)

기자가 이호석 요리사에게 그의 식당이 문전성시를 이루는 비결을 묻자 그는 다음과 같이 밝혔다. "손님들이 저희 식당을 찾으시는 이유는 하나입니다. 음식 맛이죠. 저는 음식의 맛은 재료가 좌우한다고 생각합니다. 저희 식당은 당일 구매한 신선한 재료로만 음식을 만듭니다. 그러다 보니 손해를 볼 때도 있죠. 하지만 ___________________________ ___________________________. 이것이 우리 식당의 음식이 맛있는 비결입니다."

앞말의 내용을 가정하거나 인정한다고 해도 뒷말의 내용이 쉽게 예상되거나 별것이 아님을 나타낼 때 사용한다. '-아/어 보았자'의 준말로 주로 구어로 사용하며 아직 하지 않은 앞말의 내용을 시도한다고 가정해도 뒤에 실망스럽거나 무시할 정도의 결과가 나올 것을 예상함을 나타낸다.

- 그 지독한 구두쇠한테 돈 좀 빌려 달라고 사정해 봤자 소용없을 거예요.
- 걔가 먹어 봤자 얼마나 먹는다고 그 어린 것을 구박하니?
- 이렇게 화창한 날씨에 책상에 앉아 있어 봤자 공부도 안 될 거야.
- 도망쳐 봤자 부처님 손바닥 안이야. 곧 잡힐 거야.

연습 1 알맞은 것을 연결하여 문장을 만드십시오.

1) 기름 값이 내리다	부결될 게 뻔하다.
2) 이제 와서 후회하다	얼마나 하겠어? 그냥 사 줘.
3) 애들 장난감이 비싸다	무슨 의미가 있겠어요?
4) 이 법안은 투표에 부치다	10원, 20원 찔끔찔끔 내리다가 말겠지.
5) 정부가 경제를 활성화시킨다고 하다	세계 경제가 침체를 벗어나지 못하면 소용이 없다.

1) ____

2) ____

3) ____

4) ____

5) ____

 　　보기　와 같이 문장을 바꾸십시오.

> 보기　'초등학교 수학이 어려우면 얼마나 어렵겠어?'라고 쉽게 생각했다가 아이 앞에서
> 문제를 못 풀어서 망신을 당했다.
>
> ⇨ 초등학교 수학이 어려워 봤자 얼마나 어렵겠냐고 쉽게 생각했다가 아이
> 앞에서 문제를 못 풀어 망신을 당했다.

1) 제 앞가림도 못하는 그가 나를 도와준다고? 별 도움도 못 될 게 뻔해.

　⇨ ____

2) 요즘 많이 잔다고 해도 하루에 네다섯 시간이에요.

　⇨ ____

3) 집 안을 치워도 소용없어. 애들이 집에 오면 10분 안에 엉망이 될 거야.

　⇨ ____

4) 선거에 출마해도 낙선될 것이 뻔한데 왜 굳이 선거에 나가려는 거예요?

　⇨ ____

　대화를 완성하십시오.

가: 요즘 재테크는 잘 되고 있냐? 돈 많이 모았어?

나: 뭐 하러 돈을 모으냐? ________________________ 번듯한 집 한 채 살 수 없는 게
현실인데. 그냥 맘 편히 쓰고 살려고.

가: ________________________ 부자처럼 펑펑 쓸 수도 없는데 조금이라도 모으는 게 낫지.

나: 부자처럼 펑펑 쓴다기보다 휴가 때 해외여행이나 가고 즐기며 살겠다는 거지.

가: 우리 같은 월급쟁이는 ________________________ 며칠 못 가는데 갔다 오면
일에 오히려 방해가 되지 않아? 자꾸 딴생각 나고. 차라리 열심히 일하고 휴가 때 집에서
편하게 쉬는 게 낫지.

나: 무슨 소리! ________________________ 월급쟁이인데 휴가라도 원하는 데에
가서 구경도 하고 신나게 즐겨야지!

동사 (으)랴마는, 동사 겠냐마는

추측한 내용을 반대로 가정해도 그것이 뒷말의 내용에 영향을 미치지 않거나 예상보다 유난히 더 그러함을 강조할 때 사용한다. 보통 앞말은 의문사와 함께 쓰여 '-(으)랴?', '-(으)겠냐?'는 반어적인 뜻을 나타낸다.

- 하루가 멀다 하고 밤샘 근무를 하는 내가 밤을 새우는 게 뭐가 그리 대수겠냐마는 그날따라 자정이 넘자 눈이 감기기 시작했다.
- 처음 해 보는 직장생활에 실수가 없었겠냐마는 우리 부서 선배들은 연신 칭찬을 해 주며 나를 잘 이끌어 주었다.
- 자기 자식 안 예쁜 사람이 있으랴마는 김 서방은 유난히 자식이라면 끔찍이 여겼다.
- 세상에 뭐 하나 힘들지 않은 일이 있으랴마는 이 일은 적성에 맞지 않아서 그런지 너무나 힘들게 느껴진다.

연습 1 다음을 한 문장을 만드십시오.

> **보기** 자기 자식 안 예쁜 사람이 있겠어? 그래도 그 사람은 좀 유난해.
>
> ⇨ 자기 자식 안 예쁜 사람이 있으랴마는/있겠냐마는 그 사람은 좀 유난해.

1) 겨울에 여름옷을 찾는 손님이 있을까 싶지만 혹시나 해서 구비해 놓았어.

   ⇨ ....

2) 각자 사정이 왜 없겠어? 그래도 단체 생활을 하면서 개인의 사정을 모두 봐 주기는 힘들지.

   ⇨ ....

3) 이 가격에 뭘 바라겠어? 그래도 반찬 가짓수도 부족하고 양도 너무 적어.

   ⇨ ....

4) 그 험한 일을 누가 좋아서 하겠어? 그래도 너무 싫어하는 티를 내니까 보기 안 좋네.

   ⇨ ....

대수랴마는   어쩌랴마는   없으랴마는   한둘이겠냐마는   한두 군데겠냐마는

1) 매달 퇴직하고 자기 사업을 시작하는 사람들이 ______________________________ 사업으로
   성공하는 사람은 손에 꼽힐 지경이다.

2) 사실 혼자 가는 자유 여행이라 버스든 기차든 뭐가 ______________________________
   아무래도 가을의 정취를 느끼려면 기차를 타는 게 더 좋을 것 같아 기차를 탔다.

3) 불우한 환경의 사람들을 보면 돕고 싶은 마음이 누구에겐들 ______________________________
   그는 불우한 이들을 보면 항상 주머니를 털어 도와주는 사람이었다.

4) 신입 사원이라 일이 아직 익숙하지 않은 걸 ______________________________ 하는
   일마다 실수 연발이니 난감하다.

5) 재래시장에 싸고 맛있는 식당이 어디 ______________________________ 광장시장 순이네는
   정말 가격 대비 최고라는 찬사가 나온다.

8

목적 및 결과 표현

- 동작동사 고자
- 동작동사 게/게끔, 동작동사 도록
- 동작동사 (으)니
- 동작동사 자

 그림을 보고 상황을 설명하십시오.

뒤에 오는 행위의 목적을 나타낼 때 사용한다. 발표, 연설, 면접 등 공식적이고 격식적인 상황이나 논문 등 문어에서 주로 쓴다.

- 저는 어린이와 *노인이 행복한 나라를 만들고자 출마를 결심했습니다.
- 난치병 환자를 위한 치료제를 개발하겠다는 꿈을 이루고자 약학 대학에 지원했습니다.
- 우리는 그동안 지역 사회가 겪고 있는 어려움들을 극복하고자 다양한 측면에서 노력해 왔다.

'-고자 하다'의 형태로 사용하여, 주어의 의도, 희망을 나타낸다.

- 오늘은 이번 세계 기후 변화 회의가 국내 경제에 미치는 영향에 대해 이야기하고자 합니다.
- 본 연구에서는 최근 사회 문제로 대두된 악성 댓글의 심각성과 해결 방안에 대해 알아보고자 한다.
- 이 책은 우리 역사를 제대로 알고자 하는 사람들에게 매우 유용한 자료가 될 것이다.

연습1 알맞은 것을 연결하여 문장을 만드십시오.

1) 자신의 적성에 맞는 일자리를 찾다	도내 10곳에 지역 상담소를 설치했다.
2) 상처 받은 사람들에게 위로의 메시지를 전하다	이번 유적 발굴 작업에 직접 참여했다고 밝혔다.
3) 국민의 주거 환경과 관련한 기초 자료를 수집하다	방송인 정하준 씨가 '사랑 나눔 콘서트'를 기획했습니다.
4) 경기도는 도민의 의견을 모으고 불편을 해결하다	국토 교통부가 2006년부터 주거 실태 조사를 실시하고 있습니다.
5) 고고학자들은 알려지지 않은 고대의 역사와 문화를 연구하다	하루에도 수백 명의 구직자들이 지역 내 고용 센터를 방문한다.

1) ____

2) ____

3) ____

4) ____

5) ____

　알맞은 것을 골라 '-고자 하다'를 사용하여 문장을 완성하십시오.

| 살펴보다 | 신청하다 | 말씀드리다 | 정보를 얻다 | 좋은 글을 쓰다 |

1) 본고에서는 세계 환경 산업의 현황을 통해 국내 환경 산업의 발전 방향을

　　　　　　　　.

2) 지금부터 '내가 만난 한국'이라는 주제로 제가 경험한 한국에 대해 여러분께

　　　　　　　　.

3) 국가 장학금을 　　　　　　　　 학생은 한국장학재단 홈페이지를 통해
다음 달 10일까지 신청하면 된다.

4) 제15회 전국 고교 백일장의 심사 위원장은 "　　　　　　　　 학생들의
열정을 느낄 수 있는 귀한 시간이었다"고 소감을 밝혔다.

5) 신입 사원 채용에 대해 좀 더 자세한 　　　　　　　　 당사 인사팀
(☎ 02-123-4567, recruit@abc.co.kr)으로 문의 바랍니다.

연습 3　알맞은 것을 골라 글을 완성하십시오.

| 높이다 | 논의하다 | 이바지하다 | 최소화하다 | 고찰해 보다 | 보탬이 되다 |

1)

　　이 논문에서는 설화를 통한 한국어 학습의 의의와 방법 및 그 효과에 대하여
　　　　　　　　. 또한 장기적으로 한국의 설화를 통한 한국어 학습이 이루어지도록
하기 위해 갖추어야 할 교육적 환경에 대해서도 　　　　　　　　.

2)

　　전남 신안군에서는 농사철을 맞아 일손 부족으로 어려움을 겪고 있는 농가에
　　　　　　　　 '농촌 일손 돕기'를 실시한다. 지원 대상은 노약자, 부녀자 등으로만
구성된 일손 부족 농가이며 농가의 부담을 　　　　　　　　
도시락, 작업 도구 등은 지원 기관에서 준비할 계획이다.

3)

　　한강 홍수 통제소는 오는 15일부터 홍수 위험 정보를 '관심, 주의, 경계, 심각'
네 단계로 제공한다. 현재는 '홍수 주의보'와 '홍수 경보' 두 단계만 발령하고 있으나
최근 한강 주변에 자전거 도로, 캠핑장 등이 늘어남에 따라 홍수 정보 제공을 확대해
국민 안전에 _______________________. 이를 위해 한강 홍수 통제소는
홍수 예측 정확도를 _______________________ 기술 개발에 힘쓰고 있다.

연습 4 　알맞은 것을 골라 글을 완성하십시오.

다루다　　이해하다　　고향을 찾다　　인기를 얻다　　정체성을 회복하다

　　오늘 소개해 드릴 신작은 작가 김준영 씨의 자전적 소설 「뿌리」입니다. 이 소설은 어렸을 때
외국으로 이민 간 주인공이 성장 과정에서 겪는 정체성 혼란을 그린 작품으로, 자신의
진정한 모국어와 _______________________ 주인공의 열망을 담고 있습니다. 실제로
작가는 세 살 때 가족과 함께 브라질로 건너가 그곳에서 성장하여 성공한 이민자로
살았습니다. 그러면서도 자신의 _______________________ 끊임없이 노력했습니다.
작가는 인터뷰에서 "대중적인 _______________________ 욕심은 없습니다. 그저 순수한
열정으로 제가 _______________________ 주제에 대해 치열하게 고민할 뿐입니다.
저는 지금껏 그래 왔듯이 앞으로도 진지한 태도로 더 많은 사람들을 _______________________
애쓰는 작가가 되겠습니다."라고 말했습니다.

동작동사 게/게끔, 동작동사 도록

바라는 결과를 이루기 위해 뒷말의 행위를 함을 나타낼 때 사용한다.

- 아기가 방에서 자고 있으니까 깨지 않게 조용조용히 이야기해.
- 제가 다시 검토를 안 해도 되게끔 이번에는 정말 꼼꼼히 고쳐 오셔야 돼요.
- 구급차가 먼저 지나가도록 다른 차들이 일제히 옆으로 비켜서 길을 터 줬다.

연습 1 알맞은 것을 연결하여 문장을 완성하십시오.

1) 먼지가 밖으로 잘 빠져나가다 •   • 친구들이 박수를 크게 쳐 줬다.

2) 자기 일은 자기가 스스로 하다 •   • 작동법이 더 간단해졌으면 좋겠어요.

3) 한 건의 사고도 발생하지 않다 •   • 모든 창문을 활짝 열고 청소하세요.

4) 왕밍이 떨지 않고 노래를 잘 부르다 •   • 안전에 각별히 신경 써 주시기 바랍니다.

5) 기계를 잘 다루지 못하는 사람도 쉽게 사용하다 •   • 어렸을 때부터 가정에서 교육을 시켜야 한다.

1) ____

2) ____

3) ____

4) ____

5) ____

드시다　　　　들리다　　　　안 보이다　　　　알아보지 못하다

---

1) 가: 무슨 음식을 이렇게 많이 만들었어? 이거 다 남겠다.

　　나: 원래 잔치 음식은 손님들이 마음껏 ＿＿＿＿＿＿＿＿＿＿＿ 넉넉히 준비해야 하는 거야.

2) 가: 지금은 종이 쇼핑백이 다 떨어지고 없네요. 대신 비닐봉지에 넣어 드려도 될까요?

　　나: 그래요? 그러면 내용물이 잘 ＿＿＿＿＿＿＿＿＿＿＿ 까만 봉지에 넣어 주세요.

3) 가: 안내원의 목소리가 너무 작아서 뒤에서는 설명이 하나도 안 들리네요.

　　나: 맞아요. 뒤에까지도 잘 ＿＿＿＿＿＿＿＿＿＿＿ 확성기라도 사용해 줬으면 좋겠어요.

4) 가: 경찰은 범인의 사진까지 확보해 놓고도 왜 아직까지 못 잡고 있는 것입니까?

　　나: 범인은 사람들이 자신을 ＿＿＿＿＿＿＿＿＿＿＿ 얼굴 전체를 성형 수술한 것으로 파악됩니다.

1) ＿＿＿＿＿＿＿＿＿＿＿ 선생님께서는 춤 동작을 하나하나 천천히 보여주셨다.

2) ＿＿＿＿＿＿＿＿＿＿＿ 그 학생은 재미있는 단어를 사용해서 자신의 이름을 소개했다.

3) 할인점에서는 소비자들이 ＿＿＿＿＿＿＿＿＿＿＿ 다양한 전략을 동원하여 상품을 진열한다.

4) 햇빛이 뜨겁고 강한 여름철에는 ＿＿＿＿＿＿＿＿＿＿＿ 자외선 차단제를 바르는 것이 좋다.

 다음을 완성하십시오.

1)

오늘은 김치찌개 맛있게 끓이는 방법을 알려 드리겠습니다. 먼저 돼지고기를 살짝 볶은 후에 물을 붓고 국물이 잘 우러나도록 충분히 끓이세요. 돼지고기는 끓이면 끓일수록 국물 맛이 더 좋아지기 때문입니다. 그리고 _______________________________ 양파를 듬뿍 넣어 주시면 찌개가 아주 맛있어집니다.

2)

운명의 아시안컵 결승전이 드디어 하루 앞으로 다가왔습니다. 우리 선수들의 컨디션이 최상으로 유지되도록 저희 진행 본부에서는 모든 지원을 아끼지 않고 있습니다. 내일 선수들이 _______________________________ 국민 여러분들께서도 아낌없이 격려해 주시고 응원해 주시기를 부탁드립니다.

3)

저희 '늘푸른재단'은 사람들에게 자연환경의 소중함을 일깨우기 위해 다양한 노력을 하고 있으며 생태계 보호를 위해서도 애쓰고 있습니다. 특히 미래의 주역인 청소년들이 _______________________________ 활발한 교육 활동을 펼치는 한편 동식물 생태계의 터전인 숲을 건강하게 만드는 일에도 많은 힘을 쏟고 있습니다.

앞말의 행위를 한 결과 뒷말의 상황이 일어나거나 사실을 알게 됨을 나타낼 때 사용한다. 앞말의 상황이 일어난 후 뒷말의 상황이 일어나거나 사실을 알게 됨을 나타낼 때도 쓴다.

- 세 끼를 굶으니 눈앞이 빙빙 돌고 어지러운 게 꼭 쓰러질 것만 같다.
- 처음엔 냉정하다고 생각했는데 지내 보니 정이 많고 따뜻한 사람이더라고.
- 문을 열고 들어가니 모두 자리에서 일어나 나를 반갑게 맞이해 주었다.
- 밤이 되니 거리에는 가로등불이 하나둘씩 들어오기 시작했다.

관용적으로 다음과 같이 사용한다.

- 이야기를 듣고 보니 영호의 말도 틀린 말은 아니었다.
- 친하게 지내던 이웃집 아저씨가 알고 보니 유명한 평론가더라고요.
- 듣자 하니 자네에게 혼담이 들어온다던데 사실인가?
- 할인 기간이라고 해서 샀는데 가만히 보니 1년 내내 할인 기간인 것 같아.

연습 1　알맞은 것을 연결하여 문장을 완성하십시오.

1) 달력을 보다　　　　　　　　　　　　　따뜻함이 느껴졌다.

2) 언덕을 오르다　　　　　　　　　　　　갑자기 화가 치밀어 올랐다.

3) 그의 손을 잡다　　　　　　　　　　　　기온이 올라 좀 덥게 느껴졌다.

4) 도서관에서 잠깐 잠이 들었다　　　　　　어느새 10월도 막바지에 와 있었다.
　깨 보다

5) 두 사람이 나를 험담했다고　　　　　　　여기저기에 핀 꽃들이 나를 반긴다.
　생각하다

6) 아침에는 조금 쌀쌀했는데 낮이　　　　　옆에 놓여 있던 가방과 휴대폰이
　되다　　　　　　　　　　　　　　　　　보이지 않더라고.

1) ____

2) ____

3) ____

4)

5)

6)

 알맞은 것을 골라 문장을 완성하십시오.

눕다   뜨다   불다   도착하다   돌아보다   돌아오다   살펴보다

1) 어둠 속에서 주위를   멀리 불빛이 깜박거리는 게 보였다.

2) 알람 소리에 간신히 눈을   9시 반. 이미 늦은 시각이었다.

3) 어두워진 공원에 차가운 바람마저   스산한 느낌이 들었다.

4) 부르는 소리에   그녀가 내 쪽으로 뛰어오며 환하게 웃고 있었다.

5) 퇴근을 하고 집에   커다란 택배 상자 하나가 문 앞에 놓여 있었다.

6) 서 있을 때는 보이지도 않았는데   창밖으로 나뭇가지에 매달린 잎새 하나가 보였다.

7) 헐레벌떡 역에   출구 쪽으로 바쁘게 움직이는 승객들뿐. 기차는 이미 떠나 버리고 없었다.

 보기 와 같이 문장을 완성하십시오.

보기 <u>**어린 시절의 사진을 보니**</u> 그때의 행복했던 기억이 떠오른다.

1)   한숨이 절로 나왔다.

2)   갑자기 눈물이 핑 돌았다.

3)   볼만 한 구경거리가 많았다.

4)   쌓였던 피로가 싹 가시는 듯했다.

5)   세상 보는 눈이 많이 달라지더라고.

   알맞은 것을 골라 문장을 완성하십시오.

| 듣고 보니 | 듣자 하니 | 알고 보니 | 가만히 보니 |

1) ________________________ 네 녀석이 이 일을 망친 주범이라고?

2) ________________________ 낯빛이 어두운 게 무슨 일 있는 것 같더라고.

3) 빌리가 나보다 나이가 많은 줄 알았는데 ________________________ 나보다 어리데.

4) 처음에는 무시했지만 막상 사정을 ________________________ 그의 말에 고개가 절로 끄덕여졌다.

   알맞은 것을 골라 대화를 완성하십시오.

| 듣고 보니 | 듣자 하니 | 알고 보니 | 생각해 보니 |

가: 민수야, ________________________ 이번 축제 때 학과 행사를 한다면서?

나: 선배님도 벌써 들으셨군요. 처음에는 간단한 행사인 줄 알았는데 ________________________ 졸업생도 초대하는 큰 행사더라고요.

가: 그래? 그럼 동문들이 많이 오겠네.

나: 그럴 것 같아요. ________________________ 이번 기회가 동문들의 얼굴도 익히고 학과에 대한 자부심도 키울 수 있는 좋은 기회가 될 듯해요.

가: ________________________ 그러네. 나도 도움이 될 만한 일이 있으면 도울게.

어떤 상황이 일어난 후 뒤에 그와 관련된 행위나 상황이 벌어졌음을 관찰자의 입장에서 서술할 때 사용한다. 뒤의 상황은 화자의 느낌이나 감정 상태도 포함하며, 주로 기사문이나 소설 등의 문어에서 쓴다.

- 오전 내내 내리던 비가 그치자 놀이터에 아이들이 하나둘 모이기 시작한다.
- 밤하늘에 불꽃이 터지며 축제가 절정에 이르자 사람들이 환호성을 질렀습니다.
- 후배들이 무대에 등장하자 객석에 있던 고령의 선배들이 흐뭇한 미소를 짓는다.
- 우리나라 선수들이 고생 끝에 역전승을 거두자 마치 제가 이긴 것처럼 기뻤습니다.

화자가 자신의 행동이 끝나면서 이전에는 몰랐던 상황이나 다른 사람의 행위, 자신의 상태를 인지하여 관찰자의 입장에서 서술할 때도 쓴다.

- 잠에서 깨어 기지개를 켜고 창문을 열자 햇살이 방안에 가득 들어왔다.
- 입국 수속을 마치고 공항 밖으로 나오자 다른 세계가 나를 기다리고 있었다.
- 내가 '안녕' 하며 손을 흔들자 동물원의 원숭이도 나를 따라 손을 흔듭니다.
- 달콤한 아이스크림을 한입 베어 물자 일순간 모든 걱정이 사라지는 듯했습니다.

연습 1 알맞은 것을 연결하여 문장을 만드십시오.

1) 아기가 잠이 들다 •　　• 학생들이 후다닥 자기 자리에 앉다

2) 첼리스트의 연주가 끝나다 •　　• 엄마도 아기 옆에서 조용히 잠을 청하다

3) 교실에 선생님께서 들어오다 •　　• 기자와 청중들의 질문이 시작되다

4) 꽁꽁 얼었던 날씨가 풀리다 •　　• 금세 그때의 감정들이 떠오르다

5) 신제품에 대한 소개가 끝나다 •　　• 관객들이 '브라보'를 외치며 기립 박수를 치다

6) 거리에서 어릴 때 좋아하던 음악이 흘러나오다 •　　• 햇볕이 드는 곳부터 새순이 돋기 시작하다

1) ....

2) ....

3) ....

4) ....

5) ....

6) ....

연습 2   알맞은 것을 골라 기사문의 내용을 완성하십시오.

기온이 오르다　　발표를 하다　　보도가 나오다　　혜택을 줄이다　　옷을 입고 나오다

---

1) 　인기 TV 드라마에서 여주인공이 신생 브랜드의 ....
다음날부터 그 브랜드의 옷들이 날개 돋친 듯 팔려 나갔다.

2) 　예년보다 일찍 찾아온 더위로 하루가 다르게 ....
냉방 기기의 매출도 부쩍 증가하고 있다고 한다.

3) 　신용 카드사들이 사용자들에게 주던 ....
이에 항의하는 전화가 빗발쳤다고 한다.

4) 　미래 통신사가 휴대 전화 요금을 할인하겠다는 ....
다른 통신사들도 잇따라 요금 인하 대열에 합류했다.

5) 　일부 지역에 홍수 피해가 심각하다는 ....
구호 성금을 내겠다는 사람들이 줄을 이었다.

> 보기 수업이 끝나고 건물 밖으로 나가다
>
> ⇨ <u>수업이 끝나고 건물 밖으로 나가자 눈이 내리듯 꽃잎들이 휘날리고 있었다.</u>

1) 미술관의 전시장 안으로 들어서다

   ⇨ ....

2) 아내가 싸 준 도시락 뚜껑을 열다

   ⇨ ....

3) 현관문을 열고 집 안으로 들어서다

   ⇨ ....

4) 회의에서 내가 먼저 말을 꺼내다

   ⇨ ....

5) 내가 친구에게 미안하다는 말을 하다

   ⇨ ....

6) 따뜻한 물이 채워진 욕조에 몸을 담그다

   ⇨ ....

연습 4 알맞은 것을 골라 다큐멘터리 내레이션의 내용을 완성하십시오.

보다	열다	만나다	이르다	돌아가시다

오늘은 아버지께서 하늘로 가신 지 한 달이 되는 날이다. 결혼 후에도 계속 우리와 함께 지내셨던 아버지께서 ＿＿＿＿＿＿＿＿＿＿ 집안 곳곳에서 아버지의 빈자리가 많이 느껴진다. 그래서 집에서는 이전보다 더 큰 소리로 말을 하기도 한다.

오늘은 서둘러 일을 보고 나서 아버지께서 잠들어 계신 산소로 향한다. 아버지의 묘소에 ＿＿＿＿＿＿＿＿＿ 나도 모르게 눈물이 흘러내린다. "아버지!" 혼자 조용히 인사를 드리고 한참 동안 앉아 있다가 나온다.

저녁에 친한 친구를 만나 밥을 먹기로 했다. 편한 친구를 ＿＿＿＿＿＿＿＿＿ 아버지에 대한 이런저런 얘기가 절로 나온다. 친구와 헤어진 후 지친 몸과 마음을 이끌고 집으로 향한다. 집 문을 ＿＿＿＿＿＿＿＿＿ "아빠!" 하며 딸이 내게 달려온다. 활짝 웃으며 내게 달려오는 딸의 모습을 ＿＿＿＿＿＿＿＿＿ 하루 동안 있었던 복잡한 생각들이 다 사라지는 듯하다.

연습 5 알맞은 것을 골라 소설의 내용을 완성하십시오.

보다	그치다	내리다	돌려 대다	보이지 않다	추위에 떨다

그때였다. 정말로 소나기가 내리기 시작했다. 비가 ＿＿＿＿＿＿＿＿＿ 소년과 소녀는 원두막으로 뛰어갔다. 원두막 속에서 소녀가 계속 ＿＿＿＿＿＿＿＿＿ 소년은 소녀의 곁으로 바싹 다가앉았다. 소녀는 소년의 온기로 추위를 잊을 수 있었다. 비가 ＿＿＿＿＿＿＿＿＿ 다시 해가 눈부시게 빛났다. 돌아가려고 보니 도랑의 물이 엄청나게 불어 있었다. 소년이 등을 ＿＿＿＿＿＿＿＿＿ 소녀는 순순히 소년의 등에 업혔다.

그렇게 헤어진 후로 소녀는 한동안 보이지 않았다. 소년은 소녀가 ＿＿＿＿＿＿＿＿＿ 소녀를 그리워하며 둘의 추억이 담긴 조약돌만 만지작거렸다. 얼마 후 소년은 개울가로 나갔다. 거기에 소녀가 앉아 있었다. 소년은 소녀를 ＿＿＿＿＿＿＿＿＿ 가슴부터 두근거렸다. 소녀는 많이 핼쑥해진 모습이었다.

* 소설 「소나기」 중 일부를 재구성함.

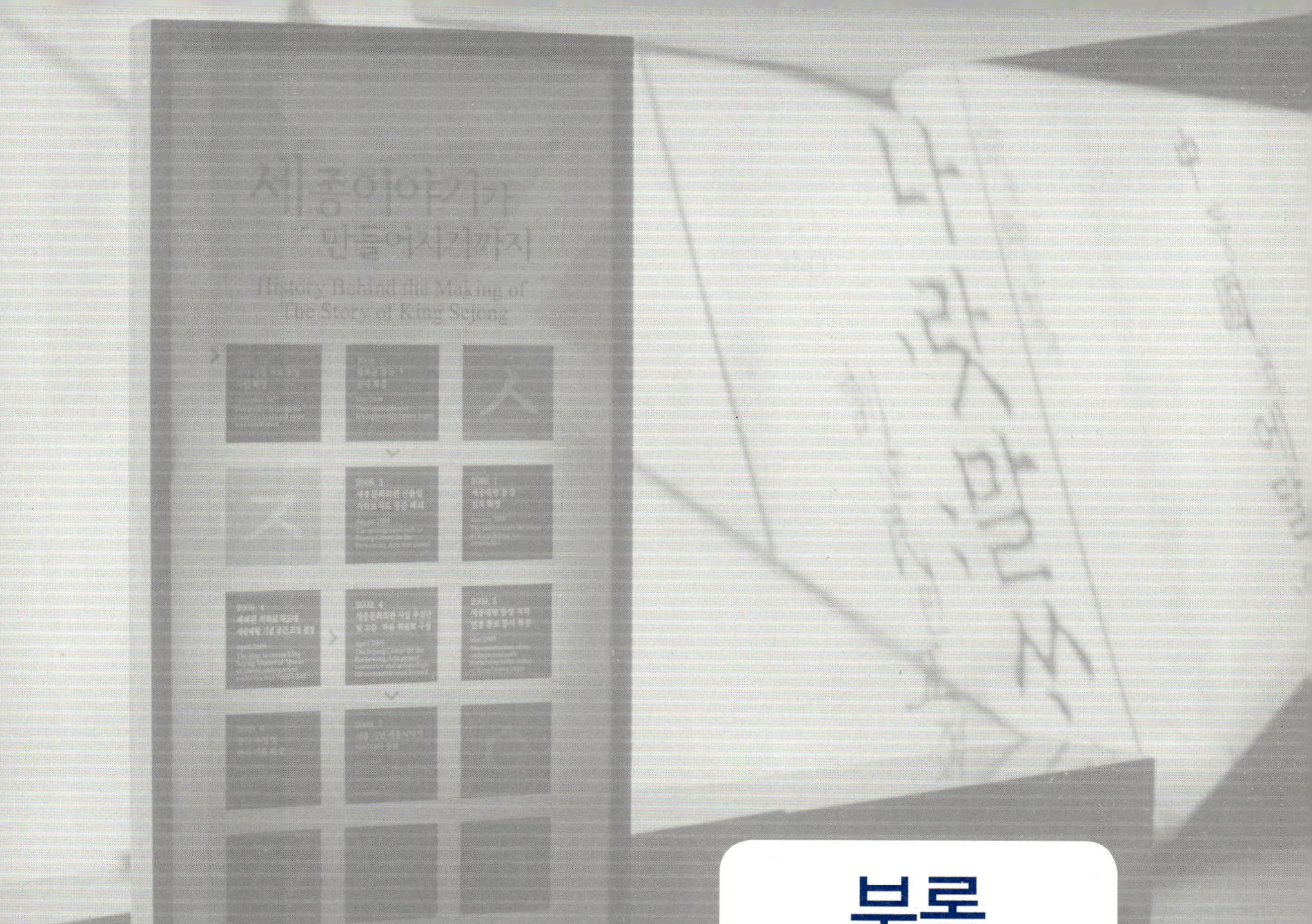

부록

모범 답안

듣기 지문

문법 색인

모범 답안

• '모범 답안'에는 가장 적절한 답을 제시하였으며 다른 내용의 답이 가능한 경우도 있습니다.

1 화제 표현

준비

• 가, 는, 는, 가

1 명사 은/는

연습 1

1) 설탕은 몸속에 있는 비타민 B군을 파괴하기 때문에 너무 많이 섭취하면 건강에 좋지 않다.
2) 인터넷은 1960년대에 군사적인 목적으로 개발된 것이 시초라고 한다.
3) 입술의 주름은 사람마다 다르고 거의 변하지 않아서 지문처럼 사람을 식별하는 데 이용되기도 한다.
4) 한 팀의 축구 선수가 11명인 것은 19세기 영국 사립학교 기숙사 방의 정원과 관련이 있다.
5) 이번 국제영화제에서는 자유롭고 독창적이며 진취적인 작품들을 많이 만나볼 수 있을 것이다.

연습 2

1) 용왕은
2) 대통령의 연봉은
3) 이 색소는/'크로모겐'은
4) 말하기 대회에는

연습 3

1) 성인 남자는
2) 시골은
3) 많은/지나친/과도한 스트레스는
4) 싫어하는 음식은
5) 방학에는/방학 중에는

연습 4

1) 이
2) 는, 가
3) 은, 이
4) 이, 은
5) 제가, 은

연습 5

1) 전국 남녀 2,000여명을 대상으로 한국인**이** 좋아하는 요일에 대해 설문 조사를 실시했다. 설문 조사 결과, 한국인이 가장 좋아하는 요일**은** 금요일로 40%의 지지를 얻어 압도적인 1위를 차지했다. 한국인이 금요일을 좋아하는 이유**는** 주말에 대한 기대감으로 인해 편안하고 행복한 기분이 들기 때문인 것으로 나타났다. 이 때문에 '불금(불타는 금요일)'이라는 말이 생겨났을 정도이다.

2) 발표를 준비할 때 가장 먼저 고려해야 할 요소는 청중입니다. 발표자**는** 자신의 발표를 듣게 될 청중**이** 누구인지 사전에 조사해야 합니다. 그리고 청중에게 필요한 내용이 무엇인지, 어떤 이야기**가** 청중의 관심을 끌 수 있을 것인지에 대해 잘 생각해서 발표를 준비해야 합니다. 청중이 청소년인데 발표의 주제가 '노후 대책'이라면 그 발표**는** 좋은 발표가 되기 힘들 것입니다.

2 명사 (이)란

연습 1

1) 새터민이란 '새로운 터전에서 삶을 시작하는 사람'이라는 뜻인데, 북한에서 남한으로 이주해 온 주민을 가리키는 용어로 사용되고 있다.
2) 반려동물이란 사람이 정서적으로 의지하고자 가까이 두고 기르는 동물을 말한다.
3) 새집 증후군이란 새로 지은 건물의 건축 재료에서 나오는 물질들로 인해 두통이나 피부염 등이 유발되는 것을 일컫는다.
4) 디지털 치매란 컴퓨터나 휴대 전화 등의 다양한 디지털 기기에 의존한 나머지 기억력이나 계산 능력이 크게 떨어지는 것을 뜻한다.

연습 2

1) 사투리란/방언이란
2) 스승이란
3) 동화란
4) 상견례란

연습 3

1) 나에게 책이란 새로운 세상으로 나아가게 해 주는 열린 문이다.
2) 나에게 꿈이란 나를 쉼 없이 움직이게 하는 원동력이다.
3) 나에게 학교란 세상을 향한 호기심이 마음껏 충족되는 행복한 놀이터이다.
4) 나에게 첫사랑이란 어린 나를 어른으로 한 단계 성장시켜 준 인생의 선생님이다.
5) 나에게 스마트폰이란 언제 어디든 나를 따라다니며 수행해 주는 만능 비서이다.
6) 나에게 집이란 내일을 살아가기 위한 에너지를 채워 주는 충전기이다.

3 명사 (이)야말로

연습 1

1) 규칙적인 식사야말로
2) 상대방의 말을 잘 듣는 것이야말로
3) 이성이야말로
4) 소방관이야말로

연습 2

1) 우수한 한국어 실력이야말로
2) 그런 태도야말로
3) 고객의 입장에서 생각하는 것이야말로
4) 신제품 개발이야말로

연습 3

1) 일상생활에서 손쉽게 할 수 있는 운동으로 걷기만큼 좋은 운동은 없다. 지속적인 걷기 운동은 탄수화물과 지방을 산화시켜 비만을 예방할 뿐만 아니라 소화 기능과 면역력까지 향상시키기 때문이다. 그러므로 규칙적인 **걷기 운동이야말로** 별다른 비용을 들이지 않고도 건강을 지킬 수 있는 최고의 운동이라 할 수 있다.

2) 우리 반에는 친구들과 함께 쓰는 '감사 일기'가 있다. 같이 한국어를 배우는 친구들이 하루씩 돌아가면서 그 날에 있었던 감사한 일을 적는 것이다. 내용은 그리 거창한 것이 아니다. 예를 들면 '아침에 반갑게 인사해 준 칸에게 감사합니다.'와 같은 식이다. 일상에서 일어나는 작고 사소한 일도 감사의 마음을 담아 기록하는 **감사 일기야말로** 우리 반 친구들을 행복하게 해 주는 힘이 아닐까 싶다.

3) 가: 먼저 경제가 성장해야 국민들도 풍요로운 생활을 할 수 있습니다. 제가 보기에는 **경제 성장이야말로/ 경제가 성장하는 것이야말로** 우리가 힘을 모아 이루어야 할 가장 중요한 목표입니다.
   나: 경제 성장이 중요하다는 의견에는 저도 동의합니다만, 모두가 경제 성장만 우선시한 나머지 서민 복지는 나중으로 미루는 것은 문제라고 생각합니다. 지금은 정부가 서민의 복지 향상을 위해서 일해야 할 때입니다. **서민의 복지 향상이야말로/서민의 복지를 향상시키는 것이야말로/이것이야말로** 현재 가장 중요하게 요구되는 사안입니다.

4 명사 (이)야

연습 1

1) 편의점이야

2) 제시카 씨야
3) 부모님 선물이야
4) 나야

연습 2

1) 시험이야
2) 돈이야/병원비야
3) 내가 산 물건이야
4) 의미 없이 말씀들이야

연습 3

1) 가: 이 스마트폰은 화면 크기가 너무 작은 것 같은데 사용할 때 안 불편해?
   나: **화면 크기야** 익숙해져서 괜찮은데 배터리가 너무 빨리 닳아서 불편해. 배터리 아껴 쓰느라고 제대로 사용하지도 못하거든.
   가: **배터리야** 하나 더 사서 휴대용으로 가지고 다니면 되지.

2) 가: 나 내일은 수업에 좀 늦을 것 같은데 선생님이 물으시면 일이 있어서 늦는다고 말해 줄 수 있어?
   나: **말이야/그거야** 내가 대신 해 줄 수 있지. 그런데 너 무슨 안 좋은 일이라도 있는 거야?
   가: 아니, 그런 건 아니고. 소포 부칠 게 있어서 우체국에 들렀다 가야 되거든. 그러면 한 시간 정도는 늦을 것 같아서.
   나: **우체국이야** 수업 끝나고 가도 되지 않아? 이제 곧 시험인데 수업 빠지면 안 좋을 것 같아.

2 의존명사 구성

준비

버스, 의자, 휴대폰	구체명사	보통명사	자립명사
사랑, 자유, 행복	추상명사		
경희대학교, 베토벤, 최수지		고유명사	
것, 데, 지			의존명사

1 동작동사 는 수가 있다

연습 1

1) 큰코다치는 수가 있어요
2) 왜곡되는 수가 있다
3) 베이는 수가 있으니

4) 튀어나오는 수가 있는데
5) 나타나는 수가 있으니

1) 갑자기 뚫리는 수가 있잖아요
2) 처벌을 받는 수가 있는데 말이야
3) 동메달도 못 따는 수가 있어요
4) 정상에 올라가면 깨는 수가 있대요
5) 큰일 나는 수가 있어

2 동사 (으)ㄴ/는/(으)ㄹ 데

1) 들를 데가
2) 논리적이지 못한 데가
3) 가고 싶은 데를
4) 눈치 보이지 않는 데로
5) 흠잡을 데가
6) 닮은 데가
7) 손볼 데가
8) 마음 붙일 데가

1) 그는 말하기 대회 상금으로 받은 돈을 몽땅 읽고 싶었던
   책을 사는 데에 썼다.
2) 지휘자 김비조 씨는 대중이 부담 없이 클래식 음악을
   접하도록 하는 데에 많은 시간과 노력을 쏟고 있다고
   합니다.
3) 제가 며칠 동안 학생들의 고민을 상담하는 데에 집중하느라
   다른 원고를 쓸 시간이 없었습니다.
4) 이번 세계 도시 기후 회의는 기후 문제의 완벽한 해결보다는
   세계 각지의 상황을 파악하는 데 목적이 있다.
5) 신축 도서관의 깨끗한 시설이 도서관 이용자를 늘리는 데
   큰 역할을 한 것으로 보인다.
6) 먹고 싶은 것을 먹는 데에서 인생의 즐거움과 행복을
   찾는 사람들도 적지 않다.
7) 우리가 헤어진 데에는 떨어져 지냈던 시간이 크게 작용하지
   않았을까 싶다.
8) 그가 경제를 활성화한 것은 인정하지만 언론의 자유를
   억압한 데 대해서는 비판을 할 수밖에 없다.

1) 수분 섭취는 눈의 피로를 덜어 주는 데 도움이 된다.
2) 성별은 사람의 능력을 파악하는 데 꼭 필요한 정보는
   아니다.
3) 비타민 'B12'는 적혈구를 만드는 데 없어서는 안 될 필수
   비타민이다.

4) 그 사람은 어려운 사람을 돕는 데 인색하다.
5) '아침형' 인간은 야간 근무를 하는 데 어려움을 느낀다고
   한다.
6) 한 연구팀은 갑작스러운 온도 변화에도 김이 서리지 않는
   유리를 개발하는 데 성공했습니다.
7) 발명의 가치는 사람들의 삶에 긍정적인 변화를 주는 데
   있다.
8) 올해 월급은 지난해보다 2퍼센트가량 오르는 데 그칠
   것이다.

1) 쓰는 데
2) 사용하는 데
3) 묻는데
4) 사는데
5) 올리는 데
6) 이해하는 데
7) 보는 데

3 동사 (으)ㄴ/는/(으)ㄹ 바

1) 주장하는 바를
2) 밝혀진 바가
3) 결정된 바가
4) 바라시는 바
5) 아는 바가

1) 다를 바 없이
2) 말씀드린 바와 같이
3) 모르는 바는 아니지만
4) 연구한 바에 따르면

1) 맡은 바 책임을 다하겠습니다
2) 내 알 바가 아니다
3) 몸 둘 바를 모르겠어요
4) 시사하는 바가 크다

1) 총무부에서는 컴퓨터 교체를 요청한 바가 없다고 합니다.
2) 박 선생님은 작년에도 '나는 무엇을 먹는가?'를 주제로
   발표 수업을 진행한 바 있다.
3) 저는 이 회사에 지원하기 전에 전자 회사에서 이 년간
   일한 바 있습니다.
4) 이 지역은 몇 년 전에도 발전소 건설을 둘러싸고 정부와

주민들 간에 갈등을 빚은 바가 있다.
5) 다니엘은 재미있는 내용과 유창한 한국어로 지난 말하기 대회에서 인기상을 받은 바 있다.
6) 김도준 선수는 지난 인터뷰에서 자신이 결승전에 오르면 경기장에서 춤을 추겠다고 약속한 바 있다.
7) 콜먼 교수는 10년 전 한 보고서를 통해, 머지않아 저출산으로 인한 인구 소멸 국가가 나올 것이라고 경고한 바 있다.

연습 5

1) 소극장 '담'은 시설 면에서는 여느 소극장과 **다를 바 없지만** 이곳에서는 연극 공연뿐 아니라 음악 공연도 정기적으로 열린다. 아담한 공간이 만들어 내는 분위기 덕분에 연주자가 관객과 직접 **소통하는 데** 적합하다는 소문이 나면서 이곳에서 연주회를 열고 싶어 하는 연주자가 점점 늘고 있다.
2) '안락사'가 고통 없는 죽음을 중요하게 여긴다면 '존엄사'는 인간답게 생을 **마감하는 데** 초점을 맞추고 있다. 최근에는 암으로 시한부 인생을 선고받은 외국의 젊은 여성이 무의미한 연명 치료를 중단하겠다고 **선언한 바 있다**.
3) '물 발자국(water footprint)'이란 하나의 제품을 **생산하는 데** 얼마나 많은 양의 물이 들어갔는지 보여 주는 지표로, 네덜란드의 한 교수가 2002년에 **소개한 바 있다**. 예를 들어 125ml짜리 커피 한 잔의 물 발자국은 132l인데 이는 원두 재배 단계에서 잔에 담기기까지 전 과정을 고려한 것이다.

4 　동사 (으)ㄹ 리(가) 없다, 동사 (으)ㄹ 법도 하다

연습 1

1) 하루 24시간 중 열두 시간을 일하니 삶에 여유가 있을 리 만무하다.
2) 강이 이렇게 오염되었는데 식수라고 안전할 리가 있겠습니까?
3) 소식 빠른 동네 사람들이 두 사람의 연애 이야기를 못 들었을 리가 없어요.
4) 기득권을 가진 사람들이 자신의 것을 순순히 내놓을 리가 없다.
5) 내가 그 아이를 만난 것이 25년 전의 일이니 그 아이가 나를 기억할 리가 없다.
6) 국민을 존중하지 않는 정치인에게서 올바른 정책이 나올 리가 없습니다.

연습 2

1) 잊을 법도 한데/잊었을 법도 한데
2) 도착했을 법도 한데
3) 긴장할 법도 한데/떨릴 법도 한데
4) 지칠 법도 한데/지쳤을 법도 한데
5) 포기할 법도 한데/포기했을 법도 한데

연습 3

1) 그럴 리가 없어/그럴 리가
2) 맛있을 법도 한데/맛이 없을 리가 없는데
3) 안 올 리가 없어요
4) 없어질 법도 하지/남아 있을 리가 없잖아
5) 좋을 리가 있겠어

3 부가 · 나열 표현

준비

- 현지인들과 어울리면서 그들의 생활도 직접 경험할 수 있고 알려지지 않은 그 지역의 정보도 수집할 수 있어요.
- 알려지지 않은 그 지역의 정보도 수집할 수 있을 뿐만 아니라 그 기록을 모아서 책으로도 출판할 수 있어요.
- 현지인들과 어울리면서 그들의 생활도 직접 경험할 수 있을 뿐만 아니라 여행지에서 추억도 만들 수 있고 그 추억을 사진집이나 책으로 엮을 수도 있어요.

1 　동사 거니와, 동사 (으)ㄹ뿐더러

연습 1

1) 폭력은 옳은 일도 아니거니와/아닐뿐더러 오히려 문제를 악화시키는 원인이 되기도 합니다.
2) 생활 법률에 대한 강연은 유익하거니와/유익할뿐더러 재미있기도 해서 청중들에게 인기가 많다.
3) 미술 교육은 아이들의 감수성도 길러 주거니와/길러 줄뿐더러 숨어 있던 잠재력과 재능을 이끌어 내는 데도 큰 도움이 된다.
4) 이번 사고로 인해 부상자도 속출했거니와/속출했을뿐더러 재산 피해도 입었다고 하니 큰일이네요.
5) 유자에는 비타민C 성분도 풍부하거니와/풍부할뿐더러 기침을 진정시켜 주는 성분도 들어 있어 감기 증상에 효과가 있다.

연습 2

1) 속도도 빠르거니와/속도도 속도려니와
2) 청첩장도 돌려야 하거니와/청첩장도 청첩장이려니와
3) 성적도 좋아야 하거니와/성적도 성적이려니와
4) 금전적 손해도 심하거니와/금전적 손해도 손해려니와

연습 3

1) 공연 장소도 넓거니와/넓을뿐더러
2) 내용도 어렵거니와/어려울뿐더러
3) 마감도 얼마 남지 않았거니와/않았을뿐더러
4) 박진감 넘치는 선수들의 모습도 볼 수 있거니와/있을뿐더러

2 명사 **이자**

연습 1

1) 시작이자 끝
2) 독서 공간이자 휴식처
3) 책임이자 의무
4) 강점이자 약점
5) 우리 사회의 희망이자 국가의 미래

연습 2

1) 아이들이 즐겁게 뛰어놀 수 있는 **실내 놀이터이자** 다양한 체험 교육을 받을 수 있는 **교육 공간(으)로** 키즈카페(kids cafe)가 주목을 받고 있다. 특히 체험 활동 후에는 선생님이 부모에게 아이의 활동에 대해 자세히 설명해 주어 부모들에게 큰 호응을 얻고 있다.

2) 같은 농구팀에서 10년 동안 한솥밥을 먹고 있는 A 씨와 B 씨. 서로의 재능에 대해 칭찬을 아끼지 않으면서도 서로에게 뒤지지 않으려고 오늘도 구슬땀을 흘리며 훈련을 하고 있다. 그들은 한길을 걷는 **동료이자** 서로에게 자극이 되는 **경쟁자**이다.

연습 3

1) 삶의 버팀목이자 인생의 멘토이다.
2) 성숙한 나로 거듭나는 변화의 기회이자 새로운 삶을 만들어 가는 과정이다.
3) 삶을 안내하는 길이자 죽음을 극복하는 문이다.
4) 불안함을 떨치려는 마음이자 두려움을 극복하려는 의지이다.
5) 피할 수 없는 도전이자 부딪쳐야 하는 난관이다.

3 명사 **은/는 물론이고,** 명사 **은/는 고사하고**

연습 1

1) 제품의 기능은 물론이고
2) 우승은 고사하고
3) 전문적 지식은 물론이고
4) 스테이크 맛을 돋우는 것은 물론이고
5) 뛰는 것은 고사하고

연습 2

1) 가: 이번 직원 워크숍에는 서울 지역 점장들도 온다면서요?
   나: 네. **서울은 물론이고** 지방에서도 온대요.
   가: 그래요? 그럼 규모가 상당하겠네요. 그렇게 많은 인원을 수용할 수 있는 숙소가 있어요?
   나: 사실 그것 때문에 걱정이에요. 예상보다 인원이 늘어가는 바람에 **숙소는 고사하고** 아직 강연 장소도

못 바꿨어요.

2) 가: 상훈 씨, 뮤지컬 '신(新)레미제라블' 봤어요?
   나: 아니요. 요즘 회사 업무가 많아서 **뮤지컬은 고사하고** 영화 한 편도 제대로 볼 시간이 없네요. 보고 온 사람들 말로는 무대가 화려하다고 하던데….
   가: 맞아요. **무대가 화려한 것은 물론이고** 장발장 이야기를 각색해서 새로운 재미도 느낄 수 있더라고요.
   나: 그래요? 저도 이번 프로젝트가 끝나는 대로 한번 봐야겠네요.

연습 3

1) 가: 커튼 새로 달았네? 전보다 거실 분위기가 화사하다!
   나: 봄이라 밝은 색으로 바꿨더니 **거실 분위기는 물론이고 기분까지 상쾌해진 것 같아/거실 분위기가 화사해진 것은 물론이고 기분까지 상쾌해진 것 같아**. 너도 한번 바꿔 봐.
   가: 나도 그러고 싶지만 이사한 지 얼마 안 돼서 **커튼은 고사하고 아직 짐 정리도 다 못했는걸/커튼을 바꾸는 것은 고사하고 아직 짐 정리도 다 못했는걸**.
   나: 그래? 내가 짐 정리 좀 도와줄까?

2) 가: 배드민턴 동호회에 가입했다면서? 재미있어?
   나: 응. 주말 아침마다 동호회 사람들과 배드민턴을 치니까 **재미있는 건 물론이고 건강에도 도움이 많이 되는 것 같아**.
   가: 아무리 건강에 도움이 된다 해도 주말마다 일찍 일어나는 거 부담 되지 않아? 나는 **배드민턴은 고사하고 일찍 일어나기도 힘들 것 같은데**.
   나: 이젠 습관이 돼서 일찍 일어나는 게 별로 힘들지 않더라고.

4 동작동사 **는 한편**

연습 1

1) 시에서는 주요 도로의 물청소를 실시하는 한편 시설물도 함께 정비하기로 했다.
2) A사에서 내년에 나올 자동차는 엔진의 성능을 높이는 한편 안전성도 대폭 강화할 예정이라고 한다.
3) 소설가 김문학은 그의 작품을 통해 인간에 대한 깊은 이해를 보여주는 한편 대중들의 감성을 대변해 줍니다.
4) 정부는 공무원 훈련 지침에 맞는 교육 과정을 마련하는 한편 사이버 교육을 점차 확대해 나갈 방침이라고 밝혔다.

연습 2

1) 대대적으로 광고를 하는 한편
2) 운동을 하는 한편
3) 악취가 나는 한편
4) 백신 프로그램을 개발하는 한편

연습 3

1) 야생동물의 불법 포획을 줄이기 위해 단속을 강화하는 한편 자연 보호 단체들과 지속적인 캠페인을 벌이기로 했습니다.
자연 보호 단체들과 지속적인 캠페인을 벌이는 한편 부상당한 동물의 긴급 구조나 멸종 위기의 야생동물 보호 활동도 함께 추진할 예정입니다.

2) 수돗물의 수질 안정성을 확인하는 한편 급수 환경을 개선하는 '수돗물 품질 확인제'를 실시한다고 밝혔습니다.
각 가정의 수돗물 수질을 무료로 검사해 주는 한편 물탱크도 청소해 줄 예정입니다.

5 　동사 (으)ㄴ가/는가 하면

연습 1

1) 그는 화려한 무대 매너로 시선을 사로잡는가 하면 뛰어난 가창력으로 박수갈채를 받기도 했다.
2) 장터 한쪽에서는 물건 흥정으로 떠들썩한가 하면 한쪽에서는 사물놀이 공연이 한창이었다.
3) 수능을 본 수험생들에게 패밀리 레스토랑에서는 음식을 30% 할인해 주는가 하면 놀이공원에서는 입장권을 무료로 제공하기도 한다.
4) 국제 가전 박람회장에는 새로운 기능으로 주목받는 제품이 있는가 하면 독특한 디자인으로 눈길을 끄는 제품도 있다.

연습 2

1) 옷이 잘 팔리는가 하면
2) 잘 몰라서 못 쓰는 사람이 있는가 하면
3) 끼어드는가 하면
4) 찬성하는 사람이 있는가 하면

연습 3

1) 효과적인가 하면/효과가 있는가 하면
2) 고개를 숙이고 있는가 하면/눈을 감고 있는가 하면/천장을 바라보고 있는가 하면

6 　동작동사 (으)랴 동작동사 (으)랴

연습 1

1) 그는 커피숍에서 일하면서 주문 받으랴 커피 만들랴 눈코 뜰 새 없이 바빴다.
2) 40대 가장들은 아이들 교육시키랴 노후 준비하랴 이래저래 돈 들어갈 데가 많았다.
3) 승무원들은 비행 중 승객들의 음식을 준비하랴 안전에 신경 쓰랴 쉴 틈이 없다.

4) 어머니께서는 집안일하시랴 논밭에 나가 농사일하시랴 늘 바쁘셨다.

연습 2

1) 주말 오전에는 라디오를 진행하랴 오후에는 TV에 출연하랴 몸이 두 개라도 모자랄 지경이다.
2) 집에서는 아이를 키우랴 직장에서는 일하랴 바쁘게 생활하고 있다.

7 　동사 (으)니/느니 동사 (으)니/느니

연습 1

1) 미우니 고우니
2) 잘하느니 못하느니
3) 쉬우니 어려우니
4) 옳으니 그르니

연습 2

1) 어디든 사람이 많다느니 길이 막힌다느니
2) 오랜만이라느니 보고 싶었다느니
3) 근거 없는 소문이라느니 선후배 사이일 뿐이라느니
4) 전말을 공개하라느니 공개하지 않는 이유가 무엇이냐느니

연습 3

1) 뭐니 뭐니 해도
2) 바쁘니 어쩌니 해도
3) 이러니저러니 해도
4) 하느니 마느니 해도

4 배경 표현

준비

- 바쁘신데/바쁘실 텐데
- 밖에 비가 많이 오는데

1 　동사 (으)ㄴ/는 가운데

연습 1

1) 전문가 및 시민 대표가 참석한 가운데 환경 정책 토론회가 시작되었다.
2) 올림픽 개막일이 점차 다가오는 가운데 각국의 대표 선수들이 속속 입국하고 있다.

3) 김민서 씨, 연주회 준비로 바쁘신 가운데 이렇게 인터뷰에 응해 주셔서 감사드립니다.
4) 중부 지방에 호우 주의보가 내려진 가운데 일부 도로가 침수되는 등 피해가 잇따르고 있습니다.
5) 높은 시청률을 유지하던 환경 다큐멘터리가 막을 내린 가운데 그동안 잘 몰랐던 극지방에 대한 관심이 높아지고 있다.

연습 2

1) 만개한 가운데
2) 즐비한 가운데
3) 활발해진/활발해지는 가운데
4) 진행되는 가운데
5) 확정된 가운데

연습 3

사 회 자: 오늘은 최근 몇 년 새 한국학과가 신설된 유럽 대학의 학과장님들을 모시고 말씀을 나눠 보겠습니다. 먼저 **바쁘신 가운데** 멀리 한국까지 와 주신 교수님들께 감사의 말씀을 드립니다. 그럼 교수님들께서 각 학교의 상황을 간단히 말씀해 주시기 바랍니다.
이바노프: 저희 학교에 한국학과가 신설될 때 러시아 각계에서 큰 관심을 보였습니다. 그렇게 **관심이 집중된 가운데** 1년을 보내 왔습니다. 그동안 여기저기에서 도움을 받으면서 지냈는데 이제 어느 정도 자립할 수 있게 되었습니다.
뒤   랑: 저희 학교는 한국학과가 신설된 지 3년이 됐습니다. 실수도 있었지만 몇 번의 **시행착오를 거치는 가운데** 이제 내실을 갖추게 된 것 같습니다.
바 그 너: 저희의 경우에는 학교 재정이 여의치 않아 처음에는 곳곳에 어려움이 있었습니다. 하지만 그렇게 **어려운 가운데** 학생들과 교수들이 힘을 모아 올해 첫 졸업생을 배출했고, 장학생으로 뽑혀 한국의 대학원으로 유학을 오게 된 학생도 있습니다.
사 회 자: 네, 학교마다 다양한 상황이 있었군요. 여러분, 교수님들의 **말씀을 듣는 가운데** 벌써 좌담회를 마칠 시간이 되었습니다. 오늘 눈이 내리는 궂은 날씨에도 좌담회 객석을 가득 채워 주신 청중 여러분께 감사를 드립니다. 이상으로 유럽 한국학과 학과장 좌담회를 마치겠습니다.

2 동사 (으)ㄴ/는 와중에

연습 1

1) 여러 가지 일들로 바쁘신 와중에 저희 식당 개업식에까지 와 주셔서 정말 감사드려요.

2) 동생은 몸이 아파서 하루 종일 누워 있는 와중에도 손에서 스마트폰을 놓지 않았다.
3) 모임에 늦어서 정신없이 뛰어가는 와중에 길에 떨어져 있는 오백 원짜리 동전이 눈에 띄더라고요.
4) 급커브 길에서 버스가 흔들려 사람들이 다 한쪽으로 몰리는 와중에도 여고생들은 아랑곳 않고 수다만 떨었다.

연습 2

1) 우리 일도 많은데 이 와중에
2) 그렇게 시끄러운데/시끄러웠는데 그 와중에(도)
3) 사람이 그렇게 많은데/많았는데 그 와중에(도)
4) 그렇게 새로운 책이 많이 나오는데 그 와중에

연습 3

1) 그렇게 눈코 뜰 새 없이 바쁜 와중에 부모님 일까지 돕다니 윤희연 씨 대단하다.
2) 공장에 불이 났는데 그 와중에 직원들의 해외 연수를 강행했다고요? 사람이 안 다쳐서 다행이긴 하지만 좀 그렇네요.
3) 그렇게 발목이 아픈 와중에 샤워하고 화장까지 하고 갔다고? 아파서 병원에 가는 건데 그냥 가면 좀 어떠니?

3 동사 (으)ㄴ/는/(으)ㄹ 판에

연습 1

1) 못 내는 판에
2) 하기 힘든 판에
3) 떠나는 판에
4) 밤을 새울 판이야
5) 허리가 휠 판이야

연습 2

1) 공부에만 집중해도 모자랄 판에/시원찮을 판에
2) 직접 와서 부탁해도 모자랄 판에/시원찮을 판에
4) 좀 싱겁게 해 달라고 해도 모자랄 판에/시원찮을 판에
3) 고마워해도 모자랄 판에/시원찮을 판에

연습 3

1) 가: 요즘 커피값이 비싸도 너무 비싸지 않아? 한 잔에 5,000원이 넘는 것도 수두룩해.
나: 그러게. 식비 아끼려고 점심도 구내식당에서 **먹는 판에** 후식으로 마시는 커피 한 잔이 밥보다 비싸니 참….
가: 그런데 이 근처에 유명한 고급 커피 전문점이 생기려나 봐. 어제 거리에서 홍보를 하던데.
나: 그래? 그러면 다른 커피숍에도 영향을 줄 텐데. **값을 내려도 모자랄/시원찮을 판에** 오히려 커피값이 더

오르겠네.

2) 가: 대리님, 이 기사 보셨어요? 이거 보고 저는 좀 허탈하더라고요.

　나: 나도 그래. 나는 대리만 7년째 하고 있는데 말이야. 대학 4년 동안 열심히 취업 준비해도 대기업은커녕 중소기업에도 들어가기 **힘든 판에** 총수 자녀들은 대학 졸업만 하면 바로 입사하잖아.

　가: 저는 여기 들어오기 전까지 이력서만 스무 곳 정도 냈었는데 그때 생각을 하니 좀 씁쓸하네요. 그건 그렇고, 우리 부서 전체가 등산을 간다던데 날짜는 확정됐대요?

　나: 다음 주로 결정이 된 모양이야.

　가: 그렇게 일찍요? 요즘 업무량이 많아서 **야근을 해도 모자랄/시원찮을 판에** 하루를 다 빼서 등산을 가려면 이번 주말에도 회사에 나와야겠네요.

4　동사 (으)ㄴ/는 마당에

연습 1

1) 졸업까지 한 마당에
2) 고장 난 마당에
3) 늙어 가는 마당에
4) 사용도 한 마당에
5) 타 버린 마당에

연습 2

1) 퇴직까지 한 마당에
2) 결혼도 한 마당에
3) 끝난 마당에
4) 헤어지는 마당에

5　동사 던 차에

연습 1

1) 검색하던 차에
2) 궁금하던 차에
3) 알아보던 차에
4) 심하던 차에

연습 2

1) 막 잠이 들려던 차에 밖에서 초인종 소리가 들려 잠이 달아났어요.
2) 비행기가 막 움직이려던 차에 한 승객이 심한 통증을 호소해서 출발이 지연되었다.
3) 서둘러 횡단보도를 건너려던 차에 오토바이 한 대가 '씽' 하고 제 앞을 지나갔습니다.

4) 주문한 음식이 너무 안 나와 따지려던 차에 직원이 늦어져서 죄송하다며 샐러드를 서비스로 주었다.

연습 3

1) 출출하던 차에
2) 학원을 알아보던 차에
3) 막 시작하려던 차에
4) 고객 센터에 전화하려던 차에
5) 새 선생님을 찾던 차에

5 명사절 · 명사구 보문 구성

준비

• 이 사람은 비를 기다리고 있어요.
• 이 사람은 비가 오기를 기다리고 있어요.

1　동사 (으)ㅁ, 동사 기, 동작동사 (으)ㄹ 것

연습 1

1) 대학 농구팀의 서지훈 선수가 프로 선수 못지않은 실력을 가지고 있음이 오늘 시합을 통해 드러났다.
2) 현관문을 강제로 연 흔적이 없는 걸로 봐서 범인은 피해자와 아는 사람임이 틀림없다.
3) 논문 속 단어 뜻풀이는 『한국어대사전』을 참고하였음을 알립니다.
4) 제 페이스북에 올린 그림은 서울 시립 미술관 홈페이지에서 가져왔음을 밝힙니다.
5) 노인 세대가 다양한 영역에서 영향력 있는 집단으로 부상하고 있음을 주목해야 합니다.
6) 가수 김승호는 슬럼프에 빠져 지난 1년간 아무도 만나지 않고 지냈음을 고백했다.
7) 한국어 고급 과정을 배우다 보니 새삼 발음 연습이 더 필요함을 느끼게 됩니다.
8) 문화 평론가 김진우 씨는 지난 칼럼에 언급한 내용 중 오류가 일부 있었음을 시인했습니다.

연습 2

1) 쾌차하시기를
2) 나가기가
3) 만나기가
4) 밥을 먹기가
5) 일하기
6) 배치되기를
7) 들어가기가
8) 대답하기

2) 닫아 둘 것
3) 보관하지 말 것
4) 바르지 말 것
5) 사용을 중지할 것
6) 즉시 토하고 전문의와 상담할 것

연습 4

낮잠이 기억력 향상에 미치는 영향에 대한 실험

* 실험 대상: 대학생 41명
* 실험 과정:
    ① 관련 없는 두 단어를 묶어 120개를 **외우게 함**.
    ② 1차 기억력 테스트를 **시행함**.
    ③ 실험 대상자 중 한 그룹은 **낮잠을 자게 잠**.
      다른 그룹은 **영화를 보게 함**.
    ④ 2차 기억력 테스트를 진행함.
* 실험 결과: 낮잠을 잔 그룹이 단어 쌍을 5배 정도 **더 많이**
    기억해 냄.
    즉 낮잠을 한 시간가량 자면 '**연관 기억력**'이
    5배 좋아짐.

연습 5

2) 컴퓨터 사용 후 전원 버튼뿐만 아니라 코드까지 뽑기.
3) 모니터는 너무 밝지 않게 해 놓기.
4) 시디는 사용 후 꼭 빼 놓기.
5) 프린터나 스피커 등 주변 기기는 사용할 때에만 켜기.

연습 6

요일	나의 수첩
화	• 나타폰, 올가랑 점심 먹음. • 셋이 도서관 가서 공부함.
수	• 마트에 가서 화장지, 칫솔 사기. • 마트에서 유진 만나서 함께 커피 마시고 옴.
목	• 새로운 어휘 공부하기. • 나타폰이 하숙집에 와서 같이 놂.
금 (오늘)	• 어휘 시험! – 잘 봄^^ • 1:00~3:00 우리 반 친구들이랑 점심 먹기.
토	• 9:00~12:00 칸, 다니엘이랑 등산. • 6:00~7:00 친구들이 출연한 TV 프로그램 보기.
일	• 오전 – 쓰기 숙제! • 오후 – 대청소하기.(침대 매트리스 꼭 말리기!)

월	• 쓰기 숙제 내기. • 지난 학기 우리 반 친구들이랑 점심 먹기.

연습 7

1) 저희 동대문구 청소년 오케스트라는 국내뿐 아니라 해외에서도 실력을 인정받은 **오케스트라임을** 자부합니다. 전용 연습실이 마련되어 있지 않아 **연습하기에** 다소 불편한 점은 있습니다만 더 좋은 환경을 만들기 위해 **노력하고 있음을** 알려드립니다. 앞으로도 많은 성원을 **보내주시기** 바랍니다. 감사합니다.

2) 다독(多讀)이란 '많이 읽기'를 말하고 정독(精讀)은 '**깊이 읽기**'를 말한다. 그러나 다독과 정독은 다른 것이 아니다. 옛 성현들은 한 권의 책을 다독함으로써 **정독할 것을/ 정독하기를** 권했다.
조선 중기의 학자 김득신은 책 36권을 소개하며 다음과 같이 말했다. "여기 소개한 책은 모두 내가 만 번 이상 반복해서 읽은 책이니, 그동안 내가 독서에 **게으르지 않았음을** 알 것이다." 당시의 독서가 소리 내서 읽는 **방식이었음을** 감안하면 그가 얼마나 대단한 독서광이었는지 알 수 있다.

3) 국내 대학 연구팀이 수면과 텔로미어 길이의 관계를 분석한 연구 결과를 발표했다. 심각한 수면 장애를 앓는 사람은 잠을 잘 자는 사람에 비해 텔로미어의 길이가 1/2 이하로 짧은데, 이는 그만큼 노화가 많이 **진행되었음을** 의미한다고 한다. 즉, 잠을 잘 자야 더 젊고 건강하게 살 수 있다는 것이다. 연구팀은 수면 장애는 본인 스스로 **알아차리기** 힘든 만큼 가족의 관찰이 필요하다며 문제가 있으면 조기에 전문의를 **찾을 것을/찾기를** 당부했다.

*텔로미어(telomere): 노화의 척도로 여겨짐. 길이가 짧을수록 세포의 죽음이 **가까움을** 의미함.

2 동사 다는 명사, 동사 (으)ㄴ/는/(으)ㄹ 명사

연습 1

1) 우리 지역에 있는 야구장은 관중석 사이가 좁아서 이동할 때 불편하다는 지적을 받아 왔다.
2) 스마트폰을 이용한 범죄가 갈수록 심각해진다는 기사가 1면에 실렸어요.
3) 어린이를 대상으로 한 영화는 따뜻한 마음과 용기를 가지면 행복이 찾아온다는 메시지가 들어 있기 마련이다.
4) 홍인수 시장은 기자들이 다음 국회의원 선거에 출마할 거냐는 질문을 하자 답을 하지 않고 자리를 떴다.
5) 인터넷 쇼핑몰에서 물건을 주문했는데 일주일이 훨씬 지나서야 주문한 물건이 품절되었다는 문자 메시지를 받았습니다.
6) 학생들이 꿈에 대해 진지하게 생각해 보는 동시에 글쓰기

연습도 할 수 있게 하자는 뜻에서 자서전 쓰기 수업을 시작했다.

7) 자기가 좋아하는 연예인이 연애를 한다는 사실을 알면 일부 팬들은 실망이나 분노를 드러내기도 한다.

8) 이 저축 상품은 서민의 재산 형성을 위해 마련됐다고 하지만 가입 조건이 까다로워 정작 서민들은 많이 가입할 수 없다는 비판을 받고 있다.

9) 요즘은 어딜 가나 자기를 계발하기 위해 끊임없이 노력하라는 주문을 들으니 정말 피곤해요.

1) 혼자 살아 본
2) 말을 더듬는
3) 회사를 그만둘
4) 늦게 도착하는
5) 불시에 멈추는
6) 등교 시간을 늦추는
7) 선발로 활약할
8) 장기를 기증할
9) 길게 이야기를 나눈

1) 가: 지은이 있잖아. 다음 학기에 휴학하고 **독일로 공부하러 간다는** 이야기 들었어?
   나: 그래? **유학을 준비한다는** 소문은 들었지만 이렇게 빨리 가게 될 줄은 몰랐네.
   가: 그러게 말이야. 현악기 제작 방법을 **제대로 배워 오겠다는** 결심은 이미 알고 있었지만. 유학 생활이 그리 쉽지는 않을 텐데. 휴우….
   나: 웬 한숨이야? 너도 유학 가고 싶은 거야?
   가: 친구들이 **자기 길을 찾아 떠나는** 것이 부럽기도 하고 나만 제자리인 것 같아 좀 불안하기도 하고 그래서.
   나: 나도 그런 마음이 없지는 않지만, 각자 삶의 속도가 다른 거라고 생각해.

2) 가: 요즘 문자 메시지로 **남의 돈을 빼가는** 사건이 많대요.
   나: 문자 메시지로 어떻게 돈을 빼가요?
   가: 예를 들면 **청첩장이 도착했다는** 문자 메시지와 함께 인터넷 주소를 보내는 거예요. 그걸 누르면 소액이지만 자동으로 결제가 이루어지는 거고요.
   나: 요즘은 결혼이나 돌잔치를 알릴 때 인터넷 초대장을 많이 보내니까 **그런 범죄가 있다는** 사실을 모르는 사람은 십중팔구 누르게 되겠네요.
   가: 그렇죠. 소액 결제에서 그치면 다행이지만, 휴대폰에 있는 **중요한 개인 정보가 빠져나가는** 경우도 있으니 무섭죠.
   나: 요즘 같은 세상에 **휴대폰 없이 살** 용기는 없고, 정말 조심하는 수밖에 없겠네요.

1) 이 집 음식이 맛있다는 소문을 듣고 가 보았지만 내 입맛에는 별로였다.
2) 할머니께서 편찮으시다는 연락을 받고 급히 고향에 돌아 갔다.
3) 그 사람으로부터 나를 사랑한다는 고백을 받았던 날이 생생하게 떠오른다.
4) 선생님은 우리에게 무엇을 할 때 가장 행복하냐는 질문을 하셨다.
5) 도서관으로부터 빌린 책을 빨리 반납하라는 독촉 문자를 받았다.
6) 늦게 일어나면 아침을 거를 가능성이 높다.
7) 만취한 운전자의 자동차가 편의점으로 돌진하는 사건이 벌어졌다.
8) 나는 놀이공원에서 인형 탈을 쓰고 아이들에게 인사하며 돌아다니는 아르바이트를 한 경험이 있다.
9) 어제 본 영화에서 남자 주인공이 자고 일어날 때마다 외모가 바뀌는 장면이 인상적이었어요.

1) 이 섬에서 배로 30여 분 가면 돌고래가 출현하는 곳이 있습니다. 옛날에는 배가 위험한 항로로 접어들면 돌고래가 나타나 **조심하라는** 경고를 보냈다는 전설도 있습니다. 백여 마리의 돌고래들이 물 위로 높이 **뛰어오르는** 모습은 정말 장관입니다. 얼마 전에는 돌고래가 출현하는 지점까지 관광 여객선을 정기적으로 **운항하자는** 제안도 나왔지만 환경단체의 반대로 잠정 **보류된** 상황입니다.

2) 사진 촬영을 허용하는 박물관과 미술관에서도 '셀카봉' 사용은 금지하는 곳이 늘고 있다. 긴 막대가 유물이나 전시품을 **훼손할** 우려도 있고 셀카봉을 이용한 무리한 촬영이 진지한 감상 분위기를 **어수선하게 만든다는** 불만이 제기되었기 때문이다. 운동 경기장이나 축제 현장에서도 유사시에 **흉기로 사용될** 위험성 때문에 반입을 금하고 있다. 이처럼 개인에게 유용한 도구가 사회적으로 **문제가 되는** 일이 발생하지 않도록 사용자들의 각별한 주의가 요구된다.

3) 그 만화의 끝 부분에서는 주인공이 무기력한 일상에서 **벗어나겠다는** 다짐을 하고 서점에 가서 자기계발서를 **사는** 장면이 나온다. 많은 독자들이 깊이 공감한 장면이 바로 그것이다. 인생이 **뜻대로 되지 않는다는** 생각에 우울했을 때, 서점에 서서 잠깐이라도 자기계발서를 **들춰보던** 기억을 떠오르게 하기 때문이다.

6 유사 · 비유 표현

준비

- 땀이 많이 나서 마치 비가 오는 것 같다.
- 땀이 많이 나서 비 오는 것처럼 보인다.
- 비 오는 것처럼 땀이 흐른다.
- 비 오듯 땀이 줄줄 흐른다.
- 땀을 비 오듯 흘리고 있다.

1 동사 듯(이)

연습 1

1) 쓰러지듯이
2) 자랑하듯이
3) 게임을 하듯이
4) 싸우듯이
5) 친구들과 놀듯이

연습 2

1) 바늘 가는 데 실이 꼭 따라가듯이 빌리가 가는 곳에는 늘 리사가 함께한다.
2) 겨울에 동물들이 겨울잠을 자듯이 식물도 겨울에는 잠을 잔다고 합니다.
3) 사람도 운동을 많이 하면 몸에 열이 나듯이 휴대 전화도 너무 오래 쓰면 뜨거워지는 게 당연하지.
4) 뜨거운 태양과 세찬 비바람이 벼를 익게 하듯이 인생의 고통과 시련은 인간을 더욱 성숙하게 한다.
5) 과거에 흔했던 공중전화, 종이 사전 등이 지금은 거의 사라졌듯이 앞으로도 무엇인가는 사라지고 또 새롭게 탄생할 것이다.

연습 3

1) 앞서 전해 드렸듯이 오늘은 미세 먼지 농도가 '나쁨' 수준인 만큼 외부 활동은 자제하시는 것이 좋겠습니다.
2) 대통령께서도 강조하셨듯이 앞으로 중소기업이 성장하는 데 도움이 되도록 다양하고 지속적인 지원을 해 나갈 예정입니다.
3) 아래의 그래프에서도 잘 나타나듯이 24시간 운영되는 편의점은 상품별로 매출이 오르는 시간대가 다릅니다.
4) 병명에서도 알 수 있듯이 '돌발성 난청'은 어느 날 갑자기 귀가 먹먹해지면서 잘 안 들리는 증상이다.
5) 이미 언급했듯이/이미 언급한 바 있듯이 개인 정보 보호법 개정에 따라 현재 사회 전반에서 주민 등록 번호를 수집하는 행위는 엄격히 제한되고 있다.

연습 4

1) 게 눈 감추듯이
2) 사시나무 떨듯이
3) 칼로 무 자르듯이
4) 손바닥 뒤집듯이
5) 고양이 세수하듯이

연습 5

1) 번갯불에 콩 볶아 먹듯이
2) 물밀듯이
3) 다람쥐 쳇바퀴 돌듯이
4) 소 닭 보듯이
5) 가랑비에 옷 젖듯이

2 동사 (으)ㄴ/는/(으)ㄹ 듯(이)

연습 1

1) 관심 있는 듯이
2) 확신이 있는 듯이
3) 넘어질 듯이
4) 통증을 느끼는 듯이/통증을 느낀 듯이
5) 화가 난 듯이
6) 귀찮은 듯이
7) 때리려는 듯이/때릴 듯이
8) 들키지 않으려는 듯이

연습 2

1) 요리하는 걸 직접 보신 듯이/직접 요리를 하신 듯이
2) 바로 옆에 있는 듯이/바로 옆에서 얘기하는 듯이
3) (마치) 어제 만난 듯이/어제 보고 오늘 또 보는 듯이
4) 아무것도 안 입은 듯이/옷을 입지 않은 듯이

연습 3

1) 찌는 듯이
2) 날아갈 듯이
3) 씻은 듯이
4) 하늘을 찌를 듯이
5) 얼어붙은 듯이
6) 쥐 죽은 듯이
7) 날개 돋친 듯이

연습 4

1) 가시방석에 앉은 듯이
2) 뚫어질 듯이
3) 뛸 듯이
4) 천하를 얻은 듯이

3 동작동사 (으)ㄴ/는/(으)ㄹ 듯 만/마는/말 듯

연습 1

1) 웃는 듯 마는 듯
2) 떨어질 듯 말 듯
3) 될 듯 말 듯
4) 먹은 듯 만 듯
5) 필 듯 말 듯

연습 2

1) 끊어질 듯 말 듯
2) 한 듯 만 듯
3) 살 듯 말 듯
4) 알 듯 말 듯
5) 들릴 듯 말 듯
6) 잔 듯 만 듯
7) 보일 듯 말 듯

연습 3

1) 수현: 와, 오늘 날씨 진짜 푹푹 찐다.
   왕밍: 네. 바람도 **부는 듯 마는 듯** 너무 약해서 하나도 안 시원해요.
   수현: 비가 좀 와야 할 텐데 큰일이야. 가뭄이 아주 심하다던데.
   왕밍: 그러게요. 어쩌다가 비가 와도 **내린 듯 만 듯/내리는 듯 마는 듯** 조금 오다가 말아서 금방 다 말라 버리더라고요.

2) 올가: 아까 리사를 우연히 봤는데 **울 듯 말 듯/우는 듯 마는 듯** 얼굴을 찡그리고 있더라.
   유진: 그래? 진짜 무슨 일이 있나 보네.
   올가: 왜? 리사가 너한테 뭐라고 했어?
   유진: 아니. 어제 리사한테서 전화가 왔었는데 **무슨 말을 할 듯 말 듯** 한참 뜸을 들이더니 그냥 끊더라고. 이따가 한번 연락해 봐야겠다.

3) 다니엘: 저게 뭐예요? 작은 돌을 층층이 쌓아 놓은 게 여기저기에 많네요.
   민 호: 아, 저건 '돌탑'이라는 건데 이 산을 오가는 사람들이 돌을 하나씩 계속 쌓아 올리면서 소원을 비는 거예요.
   다니엘: **무너질 듯 말 듯** 아슬아슬해 보이는데도 안 무너지는 게 참 신기하네요.
   민 호: 그렇죠? 손을 위로 쭉 뻗어도 **닿을 듯 말 듯** 한데 저렇게 높이 어떻게 쌓았는지 정말 대단해요.

4 동사 (으)ㄴ/는 양

연습 1

1) 자기 자식이라도 되는 양
2) 어제 있었던 일인 양
3) 자기 혼자만 아는 양
4) 자랑이라도 되는 양
5) 내 일이 아닌 양

연습 2

1) 처음 듣는 이야기인 양/처음 들은 이야기인 양/아무것도 모르는 양
2) 아무렇지도 않은 양/기분 안 나쁜 양
3) (마치) 오랫동안 만나 온 사이인 양/원래 잘 아는 사이인 양
4) (마치) 자기가 우리 부모님이라도 되는 양/자기가 우리 부모님인 양/나보다 나이 많은 양
5) 자기 집인 양/자기 집 냉장고인 양

연습 3

1) 한국어에 '시치미를 떼다'라는 표현이 있다. 원래 '시치미'란 사냥용 매의 꽁지 부분에 매달아 놓은 일종의 이름표인데 사람들이 남의 매에 달려 있는 시치미를 잡아떼고 그 매가 마치 **자기 것인 양** 데려가 버린 데서 이 말이 유래했다고 한다. 따라서 요즘도 '시치미를 떼다'는 어떤 일을 하고도 **하지 않은 양**, 무엇을 알면서도 **모르는 양** 일부러 뻔뻔하게 행동한다는 의미로 사용한다. '시치미를 떼다' 대신 '잡아떼다'라고 표현하는 것도 같은 이유이다.

2) 어머니를 꿀꺽 삼킨 호랑이는 아직도 배가 차지 않았는지 어머니의 옷을 입고 오누이가 있는 집으로 갔다. 그리고 마치 **자기가 어머니인 양** 오누이에게 문을 열어 달라고 했다. 아이들이 엄마 목소리가 이상하다고 하자 호랑이는 감기에 걸려서 그렇다며 정말로 **감기에 걸린 양** 목소리를 바꾸고 심하게 기침을 했다. 그래도 아이들이 믿지 않자 이번에는 손에 밀가루를 묻히고 그것이 **어머니의 손인 양** 아이들에게 내밀었다. 하얗고 부드러운 손을 본 오누이는 엄마라고 안심하고 문을 열었다.

5 동사 다는 듯(이)

연습 1

1) 너무 비싸다는 듯이
2) 잘 가라는 듯이
3) 지금 몇 시냐는 듯이
4) 도와 달라는 듯이
5) 집에 가자는 듯이

1) 언제 그랬냐는 듯이
2) 아무 일 없었다는 듯이
3) 기다렸다는 듯이
4) 보란 듯이

연습 3

1) 같이 먹자는 듯이
2) 말도 안 된다는 듯이/이해가 안 된다는 듯이/
   이해 못하겠다는 듯이/납득할 수 없다는 듯이
3) 듣기 싫다는 듯이/시끄럽다는 듯이
4) 웃지 말라는 듯이
5) 자기도 모른다는 듯이
6) 둘이 무슨 사이냐는 듯이
7) 성능이 아주 좋다는 듯이/컴퓨터가 아주 빠르다는 듯이

연습 4

개들은 서열을 정하려는 본능이 있다고 한다. 우리 집 강아지 바둑이는 내가 먹을 것을 주면 **먹기 싫다는 듯이** 입을 다물고 고개를 돌리는데 우리 엄마가 주시면 바로 받아먹는다. 또 엄마가 밖에 나가려고 신발을 신으시면 바둑이는 항상 **가지 말라는 듯이** 엄마를 슬픈 눈으로 바라보며 '끙끙' 소리를 낸다. 그래서 엄마가 머리를 쓰다듬어 주시면 **언제 그랬냐는 듯이** 바로 혀를 내밀고 좋아서 꼬리를 마구 흔든다. 엄마가 외출을 마치고 집에 돌아오시면 바둑이는 마치 **계속 기다렸다는 듯이** 엄마를 향해 달려간다. 엄마한테는 이렇게 하지만 나한테는 **아무 관심 없다는 듯이** 내가 나가든 들어오든 바둑이는 나를 쳐다보지도 않는다. 내가 아무리 불러도 **귀찮다는 듯이** 꼼짝도 안 한다. 바둑이한테 나는 자기보다 서열이 낮은가 보다.

7 양보 표현

준비

- 위험해도
- 위험하더라도
- 위험하다고 해도

1 [동사] 다손 치더라도

연습 1

1) 실력이 남아 있다손 치더라도
2) 내가 잘못했다손 치더라도
3) 책을 읽는다손 치더라도
4) 그 책의 주장이 다 맞는다손 치더라도

연습 2

1) 실패한다손 치더라도
2) 살아 계신다손 치더라도
3) 엄청난 행운이 찾아온다손 치더라도
4) 그렇게 말했다손 치더라도

연습 3

1) 아무리 결과가 좋다손 치더라도/좋았다손 치더라도
2) 사고 차량의 운전자에게 있다손 치더라도

2 [동사] (으)ㄴ들

연습 1

1) 옆에서 아무리 챙겨 준들 본인이 불편해 하면 무슨 도움이 되겠어?
2) 제아무리 의욕이 넘친들 실력이 부족하다면 끝까지 해낼 수 있겠어?
3) 영양제를 잘 챙겨 먹은들 그렇게 운동을 안 하면 건강을 지키기 어렵죠.
4) 돈과 명예를 다 가진들 건강을 잃는다면 그게 무슨 소용이냐?
5) 아무리 남들이 부러워하는 직장에 다닌들 적성에 맞지 않는다면 계속 다닐 수 없을 것이다.

연습 2

1) 그 탐욕스런 성격에 많은 유산을 모두 차지한들 만족이나 하겠어?
2) 그 친구가 제아무리 재주가 좋은들 그 일을 해결할 수 있겠어?
3) 수업에 집중하지 않는다면 하루 종일 수업을 들은들 제대로 배울 수 있겠어?
4) 지금 집에 간들 누가 집에 있겠어?

연습 3

1) 아무리 조건이 좋은들 서로 사랑하지 않는다면 행복한 결혼 생활을 하기 힘들겠지.
2) 아무리 부모가 잔소리를 한들 아이가 스스로 나쁜 습관을 고치려고 노력하지 않는다면 무슨 소용이겠어요?

3 [동사] 기로서니

연습 1

1) 바쁘기로서니/바빴기로서니
2) 그 내용을 잘 알기로서니
3) 시험공부를 안 했기로서니

4) 쇼핑을 오래 했기로서니
5) 실험에 한번 실패했기로서니

연습 2

1) 네가 아무리 기분이 나쁘기로서니
2) 아무리 최고의 인기를 구가하는 스타(이)기로서니
3) 아무리 첫눈에 반했기로서니
4) 그 사람이 아무리 큰 잘못을 했기로서니

연습 3

1) 일을 다 마치지 못했기로서니 모두 퇴근하는데 혼자 남아서 하라고 하는 건 너무하죠
2) 아무리 사이가 좋지 않기로서니 형제간에 의절을 하다니요
3) 아무리 사장이기로서니 공식적인 자리에서 반말을 하다니요

4 동사 (으)ㄹ망정, 동사 (으)ㄹ지언정

연습 1

1) 허름하고 누추한 곳일망정/허름하고 누추한 곳일지언정
2) 지쳐 갈망정/지쳐 갈지언정
3) 돈을 잃을망정/잃을지언정
4) 잘못을 저질렀을망정/저질렀을지언정
5) 무승부로 끝났을망정/끝났을지언정

연습 2

1) 도와주지는 못할망정
2) 보상을 해 주지는 못할망정
3) 고마워하지는 못할망정
4) 확대하지는 못할망정
5) 격려하지는 못할망정

연습 3

1) 평생 혼자 살망정/살지언정 당신이 아닌 다른 남자와는 결혼하지 않겠어요.
2) 물건을 창고에 쌓아둘망정/쌓아둘지언정 그 가격으로는 절대로 팔 수 없습니다.
3) 이대로 죽을망정/죽을지언정 산소호흡기 따위에 매달려 삶을 연장할 마음은 없다.
4) 극단이 망해서 거리에 나앉을망정/나앉을지언정 이 공연은 꼭 해 보고 싶어.

연습 4

1) 따로따로 이자를 내는 불편함은 있을망정/불편함은 있을지언정
2) 힘들게 살망정/힘들게 살지언정
3) 지원하지는 못할망정/지원하지는 못할지언정
4) 외면당할망정/외면당할지언정

5 동작동사 는 한이 있더라도/있어도

연습 1

1) 밥을 굶는 한이 있더라도 꿈을 포기할 수는 없다.
2) 모두에게 욕을 먹는 한이 있더라도 진실을 꼭 밝힐 겁니다.
3) 내 눈에 흙이 들어오는 한이 있더라도 이 결혼은 찬성할 수 없네.
4) 옷을 벗는 한이 있더라도 그 사건은 꼭 해결하고 말겠어.
5) 계약금의 세 배를 물어주는 한이 있더라도 계약을 해지하겠어요.

연습 2

1) 회사가 문을 닫는 한이 있더라도 부당한 거래를 하지는 않겠다
2) 손해를 보는 한이 있더라도 당일 구매한 신선한 재료로만 요리합니다

6 동사 아/어 봤자

연습 1

1) 기름 값이 내려 봤자 10원, 20원 찔끔찔끔 내리다가 말겠지.
2) 이제 와서 후회해 봤자 무슨 의미가 있겠어요?
3) 애들 장난감이 비싸 봤자 얼마나 하겠어? 그냥 사 줘.
4) 이 법안은 투표에 부쳐 봤자 부결될 게 뻔하다.
5) 정부가 경제를 활성화시킨다고 해 봤자 세계 경제가 침체를 벗어나지 못하면 소용이 없다.

연습 2

1) 제 앞가림도 못하는 그가 나를 도와줘 봤자 별 도움도 못 될 게 뻔해.
2) 요즘 많이 자 봤자 하루에 네다섯 시간밖엔 자지 못해요.
3) 집 안을 치워 봤자 애들이 집에 오면 10분 안에 엉망이 될 텐데, 뭐.
4) 선거에 출마해 봤자 낙선될 것이 뻔한데 왜 굳이 선거에 나가려는 거예요?

연습 3

가: 요즘 재테크는 잘 되고 있냐? 돈 많이 모았어?
나: 뭐 하러 돈을 모으냐? **돈 모아 봤자** 번듯한 집 한 채 살 수 없는 게 현실인데. 그냥 맘 편히 쓰고 살려고.
가: **그렇게 써 봤자** 부자처럼 펑펑 쓸 수도 없는데 조금이라도 모으는 게 낫지.
나: 부자처럼 펑펑 쓴다기보다 휴가 때 해외여행이나 가고 즐기며 살겠다는 거지.

가: 우리 같은 월급쟁이는 **해외여행을 가 봤자** 며칠 못 가는데 갔다 오면 일에 오히려 방해가 되지 않아? 자꾸 딴생각 나고. 차라리 열심히 일하고 휴가 때 집에서 편하게 쉬는 게 낫지.

나: 무슨 소리! **열심히 일해 봤자** 월급쟁이인데 휴가라도 원하는 데에 가서 구경도 하고 신나게 즐겨야지!

7 동사 (으)랴마는, 동사 겠냐마는

연습 1

1) 겨울에 여름옷을 찾는 손님이 있으랴마는/있겠냐마는 혹시나 해서 구비해 놓았어.
2) 각자 사정이 왜 없으랴마는/없겠냐마는 단체 생활을 하면서 개인의 사정을 모두 봐 주기는 힘들지.
3) 이 가격에 뭘 바라랴마는/바라겠냐마는 반찬 가짓수도 부족하고 양도 너무 적어.
4) 그 험한 일을 누가 좋아서 하랴마는/하겠냐마는 너무 싫어하는 티를 내니까 보기 안 좋네.

연습 2

1) 한둘이겠냐마는
2) 대수랴마는
3) 없으랴마는
4) 어쩌랴마는
5) 한두 군데겠냐마는

8 목적 및 결과 표현

준비

오늘은 리사의 스무 번째 생일입니다. 빌리는 리사에게 주려고 장미꽃 스무 송이를 샀습니다. 빌리는 꽃을 받고 기뻐할 리사의 모습을 생각하니까 기분이 들떴습니다. 약속 장소에 도착하니까 리사가 벌써 기다리고 있었습니다. 빌리는 리사에게 다가가 생일 축하한다는 말과 함께 꽃을 건넸습니다.

1 동작동사 고자

연습 1

1) 자신의 적성에 맞는 일자리를 찾고자 하루에도 수백 명의 구직자들이 지역 내 고용 센터를 방문한다.
2) 상처 받은 사람들에게 위로의 메시지를 전하고자 방송인 정하준 씨가 '사랑 나눔 콘서트'를 기획했습니다.
3) 국민의 주거 환경과 관련한 기초 자료를 수집하고자

국토 교통부가 2006년부터 주거 실태 조사를 실시하고 있습니다.
4) 경기도는 도민의 의견을 모으고 불편을 해결하고자 도내 10곳에 지역 상담소를 설치했다.
5) 고고학자들은 알려지지 않은 고대의 역사와 문화를 연구하고자 이번 유적 발굴 작업에 참여했다고 밝혔다.

연습 2

1) 살펴보고자 한다
2) 말씀드리고자 합니다
3) 신청하고자 하는
4) 좋은 글을 쓰고자 하는
5) 정보를 얻고자 한다면/정보를 얻고자 하시는 분은

연습 3

1) 이 논문에서는 설화를 통한 한국어 학습의 의의와 방법 및 그 효과에 대하여 **고찰해 보고자 한다**. 또한 장기적으로 한국의 설화를 통한 한국어 학습이 이루어지도록 하기 위해 갖추어야 할 교육적 환경에 대해서도 **논의하고자 한다**.

2) 전남 신안군에서는 농사철을 맞아 일손 부족으로 어려움을 겪고 있는 농가에 **보탬이 되고자** '농촌 일손 돕기'를 실시한다. 지원 대상은 노약자, 부녀자 등으로만 구성된 일손 부족 농가이며 농가의 부담을 **최소화하고자** 도시락, 작업 도구 등은 지원 기관에서 준비할 계획이다.

3) 한강 홍수 통제소는 오는 15일부터 홍수 위험 정보를 '관심, 주의, 경계, 심각' 네 단계로 제공한다. 현재는 '홍수 주의보'와 '홍수 경보' 두 단계만 발령하고 있으나 최근 한강 주변에 자전거 도로, 캠핑장 등이 늘어남에 따라 홍수 정보 제공을 확대해 국민 안전에 **이바지하고자 한다/하는 것이다**. 이를 위해 한강 홍수 통제소는 홍수 예측 정확도를 **높이고자** 기술 개발에 힘쓰고 있다.

연습 4

오늘 소개해 드릴 신작은 작가 김준영 씨의 자전적 소설 「뿌리」입니다. 이 소설은 어렸을 때 외국으로 이민 간 주인공이 성장 과정에서 겪는 정체성 혼란을 그린 작품으로, 자신의 진정한 모국어와 **고향을 찾고자 하는** 주인공의 열망을 담고 있습니다. 실제로 작가는 세 살 때 가족과 함께 브라질로 건너가 그곳에서 성장하여 성공한 이민자로 살았습니다. 그러면서도 자신의 **정체성을 회복하고자** 끊임없이 노력 했습니다. 작가는 인터뷰에서 "대중적인 **인기를 얻고자 하는** 욕심은 없습니다. 그저 순수한 열정으로 제가 **다루고자 하는** 주제에 대해 치열하게 고민할 뿐입니다. 저는 지금껏 그래 왔듯이 앞으로도 진지한 태도로 더 많은 사람들을 **이해하고자** 애쓰는 작가가 되겠습니다."라고 말했습니다.

연습 1

1) 먼지가 밖으로 잘 빠져나가게/빠져나가게끔/빠져나가도록 모든 창문을 활짝 열고 청소하세요.
2) 자기 일은 자기가 스스로 하게/하게끔/하도록 어렸을 때부터 가정에서 교육을 시켜야 한다.
3) 한 건의 사고도 발생하지 않게/않게끔/않도록 안전에 각별히 신경 써 주시기 바랍니다.
4) 왕밍이 떨지 않고 노래를 잘 부르게/부르게끔/부르도록 친구들이 박수를 크게 쳐 줬다.
5) 기계를 잘 다루지 못하는 사람도 쉽게 사용하게/사용하게끔/사용하도록 작동법이 더 간단해졌으면 좋겠어요.

연습 2

1) 드시게/드시게끔/드시도록
2) 안 보이게/안 보이도록/안 보이게끔
3) 들리게/들리도록/들리게끔
4) 알아보지 못하도록/알아보지 못하게

연습 3

1) 학생들이 쉽게 따라하도록/따라하게
2) 다른 사람들이 쉽게 기억하도록/기억하게
3) 더 많은 상품을 구매하도록/구매하게
4) 피부가 타지 않도록/않게

연습 4

1) 오늘은 김치찌개 맛있게 끓이는 방법을 알려 드리겠습니다. 먼저 돼지고기를 살짝 볶은 후에 물을 붓고 국물이 잘 우러나도록 충분히 끓이세요. 돼지고기는 끓이면 끓일수록 국물 맛이 더 좋아지기 때문입니다. 그리고 **단맛이 나도록/나게** 양파를 듬뿍 넣어 주시면 찌개가 아주 맛있어집니다.

2) 운명의 아시안컵 결승전이 드디어 하루 앞으로 다가왔습니다. 우리 선수들의 컨디션이 최상으로 유지되도록 저희 진행 본부에서는 모든 지원을 아끼지 않고 있습니다. 내일 선수들이 **최상의 경기를 펼치도록/펼치게** 국민 여러분들께서도 아낌없이 격려해 주시고 응원해 주시기를 부탁드립니다.

3) 저희 '늘푸른재단'은 사람들에게 자연환경의 소중함을 일깨우기 위해 다양한 노력을 하고 있으며 생태계 보호를 위해서도 애쓰고 있습니다. 특히 미래의 주역인 청소년들이 **자연환경의 소중함을 깨닫도록/깨닫게** 활발한 교육 활동을 펼치는 한편 동식물 생태계의 터전인 숲을 건강하게 만드는 일에도 많은 힘을 쏟고 있습니다.

연습 1

1) 달력을 보니 어느새 10월도 막바지에 와 있었다.
2) 언덕을 오르니 여기저기에 핀 꽃들이 나를 반긴다.
3) 그의 손을 잡으니 따뜻함이 느껴졌다.
4) 도서관에서 잠깐 잠이 들었다 깨 보니 옆에 놓여 있던 가방과 휴대폰이 보이지 않더라고.
5) 두 사람이 나를 험담했다고 생각하니 갑자기 화가 치밀어 올랐다.
6) 아침에는 조금 쌀쌀했는데 낮이 되니 기온이 올라 좀 덥게 느껴졌다.

연습 2

1) 살펴보니
2) 뜨니
3) 부니
4) 돌아보니
5) 돌아오니
6) 누우니
7) 도착하니

연습 3

1) 잔뜩 쌓여 있는 업무를 생각하니
2) 그만 만나자는 이야기를 들으니
3) 학교 축제에 가 보니
4) 한동안 못 했던 운동을 하니
5) 생각을 바꾸니

연습 4

1) 듣자 하니
2) 가만히 보니
3) 알고 보니
4) 듣고 보니

연습 5

가: 민수야, **듣자 하니** 이번 축제 때 학과 행사를 한다면서?
나: 선배님도 벌써 들으셨군요. 처음에는 간단한 행사인 줄 알았는데 **알고 보니** 졸업생도 초대하는 큰 행사더라고요.
가: 그래? 그럼 동문들이 많이 오겠네.
나: 그럴 것 같아요. **생각해 보니** 이번 기회가 동문들의 얼굴도 익히고 학과에 대한 자부심도 키울 수 있는 좋은 기회가 될 듯해요.
가: **듣고 보니** 그러네. 나도 도움이 될 만한 일이 있으면 도울게.

연습 1

1) 아기가 잠이 들자 엄마도 아기 옆에서 조용히 잠을 청했다.
2) 첼리스트의 연주가 끝나자 관객들이 '브라보'를 외치며 기립 박수를 쳤다.
3) 교실에 선생님께서 들어오시자 학생들이 후다닥 자기 자리에 앉는다.
4) 꽁꽁 얼었던 날씨가 풀리자 햇볕이 드는 곳부터 새순이 돋기 시작합니다.
5) 신제품에 대한 소개가 끝나자 기자와 청중들의 질문이 시작되었다.
6) 거리에서 어릴 때 좋아하던 음악이 흘러나오자 금세 그때의 감정이 떠오릅니다.

연습 2

1) 옷을 입고 나오자
2) 기온이 오르자
3) 혜택을 줄이자
4) 발표를 하자
5) 보도가 나오자

연습 3

1) 미술관의 전시장 안으로 들어서자 익숙한 명화들이 눈앞에 펼쳐진다.
2) 아내가 싸 준 도시락 뚜껑을 열자 흰 밥 위에 하트가 그려져 있었다.
3) 현관문을 열고 집 안으로 들어서자 가족들이 깜짝 생일 파티로 나를 반겨 주었다.
4) 회의에서 내가 먼저 말을 꺼내자 다른 사람들도 하나둘씩 의견을 내기 시작한다.
5) 내가 친구에게 미안하다는 말을 하자 친구도 나에게 미안하다며 미소를 지었다.
6) 따뜻한 물이 채워진 욕조에 몸을 담그자 얼었던 몸이 녹으며 긴장이 풀렸습니다.

연습 4

오늘은 아버지께서 하늘로 가신 지 한 달이 되는 날이다. 결혼 후에도 계속 우리와 함께 지내셨던 아버지께서 **돌아가시자** 집안 곳곳에서 아버지의 빈자리가 많이 느껴진다. 그래서 집에서는 이전보다 더 큰 소리로 말을 하기도 한다.

오늘은 서둘러 일을 보고 나서 아버지께서 잠들어 계신 산소로 향한다. 아버지의 묘소에 **이르자** 나도 모르게 눈물이 흘러내린다. "아버지!" 혼자 조용히 인사를 드리고 한참 동안 앉아 있다가 나온다.

저녁에 친한 친구를 만나 밥을 먹기로 했다. 편한 친구를 **만나자** 아버지에 대한 이런저런 얘기가 절로 나온다. 친구와 헤어진 후 지친 몸과 마음을 이끌고 집으로 향한다. 집 문을 **열자** "아빠!" 하며 딸이 내게 달려온다. 활짝 웃으며 내게 달려오는 딸의 모습을 **보자** 하루 동안 있었던 복잡한 생각들이 다 사라지는 듯하다.

연습 5

그때였다. 정말로 소나기가 내리기 시작했다. 비가 **내리자** 소년과 소녀는 원두막으로 뛰어갔다. 원두막 속에서 소녀가 계속 **추위에 떨자** 소년은 소녀의 곁으로 바짝 다가앉았다. 소녀는 소년의 온기로 추위를 잊을 수 있었다. 비가 **그치자** 다시 해가 눈부시게 빛났다. 돌아가려고 보니 도랑의 물이 엄청나게 불어 있었다. 소년이 등을 **돌려 대자** 소녀는 순순히 소년의 등에 업혔다.

그렇게 헤어진 후로 소녀는 한동안 보이지 않았다. 소년은 소녀가 **보이지 않자** 소녀를 그리워하며 둘의 추억이 담긴 조약돌만 만지작거렸다. 얼마 후 소년은 개울가로 나갔다. 거기에 소녀가 앉아 있었다. 소년은 소녀를 **보자** 가슴부터 두근거렸다. 소녀는 많이 핼쑥해진 모습이었다.

듣기 지문

3 부가 · 나열 표현

3 [동작동사] **는 한편**

연습3 뉴스를 읽고 내용을 정리하십시오.

Track 1

1) 올해 들어 야생동물의 불법 포획이 늘고 있습니다. 관계 당국은 야생동물의 불법 포획을 줄이기 위해 단속을 강화하면서 자연 보호 단체들과 지속적인 캠페인을 벌이기로 했습니다. 아울러 부상당한 동물의 긴급 구조나 멸종 위기의 야생동물 보호 활동도 함께 추진할 예정입니다.

Track 2

2) 서울시에서는 수돗물의 수질 안정성을 확인하고 급수 환경을 개선하는 '수돗물 품질 확인제'를 실시한다고 밝혔습니다. 시 관계자에 따르면 24일부터 각 가정의 수돗물 수질을 무료로 검사해 줄 예정이라고 합니다. 또한 신청을 받아 가정의 물탱크도 청소해 줄 예정입니다.

6 [동작동사] **(으)랴** [동작동사] **(으)랴**

연습2 다음을 듣고 내용을 정리하십시오.

Track 3

1) 김수연은 최근 한창 주가가 오르고 있는 방송인 중 한 사람이다. 그가 나오는 프로그램만 7개. 특히 주말 오전에는 라디오 진행으로, 오후에는 TV 출연으로, 몸이 두 개라도 모자랄 지경이다.

Track 4

2) 워킹맘은 아이를 낳아 기르면서 일을 하는 여성을 뜻하는 말입니다. 이들은 육아와 직장 생활을 함께 하느라 하루하루를 바쁘게 지내고 있습니다. 게다가 바쁜 일상 탓에 건강을 관리하기도 쉽지 않습니다.

4 배경 표현

5 [동사] **(으)ㄴ/는 가운데**

연습3 알맞은 것을 골라 좌담회 대화를 완성하십시오.

Track 5

사 회 자: 오늘은 최근 몇 년 새 한국학과가 신설된 유럽 대학의 학과장님들을 모시고 말씀을 나눠 보겠습니다. 먼저 바쁘신 가운데 멀리 한국까지 와 주신 교수님들께 감사의 말씀을 드립니다. 그럼 교수님들께서 각 학교의 상황을 간단히 말씀해 주시기 바랍니다.

이바노프: 저희 학교에 한국학과가 신설될 때 러시아 각계에서 큰 관심을 보였습니다. 그렇게 관심이 집중된 가운데 1년을 보내 왔습니다. 그동안 여기저기에서 도움을 받으면서 지냈는데 이제 어느 정도 자립할 수 있게 되었습니다.

뒤　　랑: 저희 학교는 한국학과가 신설된 지 3년이 됐습니다. 실수도 있었지만 몇 번의 시행착오를 거치는 가운데 이제는 내실을 갖추게 된 것 같습니다.

바 그 녀: 저희의 경우에는 학교 재정이 여의치 않아 처음에는 곳곳에 어려움이 있었습니다. 하지만 그렇게 어려운 가운데 학생들과 교수들이 힘을 모아 올해 첫 졸업생을 배출했고, 장학생으로 뽑혀 한국의 대학원으로 유학을 오게 된 학생도 있습니다.

사 회 자: 네, 학교마다 다양한 상황이 있었군요. 여러분, 교수님들의 말씀을 듣는 가운데 벌써 좌담회를 마칠 시간이 되었습니다. 오늘 눈이 내리는 궂은 날씨에도 좌담회 객석을 가득 채워 주신 청중 여러분께 감사를 드립니다. 이상으로 유럽 한국학과 학과장 좌담회를 마치겠습니다.

5 명사절 · 명사구 보문 구성

4 [동사] **(으)ㅁ**, [동사] **기**, [동작동사] **(으)ㄹ 것**

연습4 뉴스를 듣고 메모를 완성하십시오.

Track 6

낮에 한 시간가량 잠을 자면 '연관 기억력'이 다섯 배나 좋아질 수 있습니다. 최근 독일에서 대학생 41명을 대상으로 실험을 했는데요. 먼저 실험자들에게 '우유-택시'처럼 전혀 연관이 없는 두 단어를 묶어 120개를 외우게 하고 즉시 일차 기억력 테스트를 시행했습니다. 그 후 이들을 두 그룹으로 나누어 한 그룹은 한 시간가량 낮잠을 자게 하고 다른 한 그룹은 영화를 보게 했습니다. 그러고 나서 다시 모여 두 번째 기억력 테스트를 진행했습니다.

그 결과 낮잠을 잔 그룹이 영화를 본 그룹에 비해 단어 쌍을 다섯 배 정도 더 많이 기억해 냈습니다. 이로써 낮잠이 서로

관련이 없는 항목의 연관성을 기억하는 '연관 기억'을 크게
향상시킴을 알 수 있었습니다.

7 양보 표현

2 동사 (으)ㄴ들

연습 3 다음을 듣고 대화를 완성하십시오.

Track 7

앵커: 요즘 조건에 맞춰 결혼하는 경우가 늘고 있다면서요?
기자: 네, 사랑보다 원하는 결혼 조건을 찾아 결혼하는
      경우가 증가하고 있는데요. 결혼중개회사의 조사 결과
      이렇게 조건만 보고 결혼하는 경우 삼년 안에 이혼할
      확률이 높은 것으로 나타났습니다.
앵커: 결국 서로 사랑하지 않는다면 조건이 좋아도
      행복하기는 힘들다는 거군요.

Track 8

앵커: 잔소리가 효과가 없다는 게 밝혀졌다지요?
기자: 네, 그렇습니다. 부모들은 아이들의 나쁜 습관을
      고치기 위해 잔소리를 하게 되는데요. 국내 대학교
      연구팀에 의해 이런 부모들의 잔소리가 아무런
      효과가 없다는 게 밝혀졌습니다.
앵커: 그럼 잔소리를 하는 대신 어떻게 해야 합니까?
기자: 연구에서는 잔소리보다 아이들이 스스로 나쁜 습관을
      고치려고 노력하는 것이 훨씬 효과가 있다고 합니다.

3 동사 기로서니

연습 3 다음을 듣고 대답하십시오.

Track 9

여자: 김 대리, 피곤한 얼굴이네요. 무슨 일 있어요?
남자: 어제 일을 다 못 마쳐서 야근했거든요. 다들 퇴근하는데
      과장님께서 일을 다 마치지 못했다고 마저 끝내고
      가라고 하셔서요.

Track 10

여자: 영호 씨와 성호 씨가 형제래요.
남자: 그래요? 어쩐지 닮았더라고요. 그런데 형젠데 왜 서로
      모른 척해요?
여자: 어릴 때부터 사이가 안 좋더니 부모님이 돌아가시고
      나서는 명절 때도 안 만나고 아예 서로 왕래를 안
      한대요.

Track 11

여자: 사장님은 직원들을 너무 가깝게 여기시는지 반말을
      하시는데 듣기에 좀 불편해요.
남자: 그래요. 회의 중에도 자꾸 반말을 하시니까 기분이
      나쁘더라고요. 친한 사람들끼리는 반말을 하기도
      하지만 그래도 공식적인 자리에서는 존댓말을 써야죠.

6 동사 아/어 봤자

연습 3 대화를 완성하십시오.

Track 12

가: 요즘 재테크는 잘 되고 있냐? 돈 많이 모았어?
나: 뭐 하러 돈을 모으냐? 돈 모아 봤자 번듯한 집 한 채 살
   수 없는 게 현실인데. 그냥 맘 편히 쓰고 살려고.
가: 그렇게 써 봤자 부자처럼 펑펑 쓸 수도 없는데
   조금이라도 모으는 게 낫지.
나: 부자처럼 펑펑 쓴다기보다 휴가 때 해외여행이나 가고
   즐기며 살겠다는 거지.
가: 우리 같은 월급쟁이는 해외여행을 가 봤자 며칠 못
   가는데 갔다 오면 일에 오히려 방해가 되지 않아? 자꾸
   딴생각 나고. 차라리 열심히 일하고 휴가 때 집에서
   편하게 쉬는 게 낫지.
나: 무슨 소리! 열심히 일해 봤자 월급쟁이인데 휴가라도
   원하는 데에 가서 구경도 하고 신나게 즐겨야지!

8 목적 및 결과 표현

4 동작동사 자

연습 3 알맞은 것을 골라 다큐멘터리 내레이션의 내용을
완성하십시오.

Track 13

   오늘은 아버지께서 하늘로 가신 지 한 달이 되는 날이다.
결혼 후에도 계속 우리와 함께 지내셨던 아버지께서
돌아가시자 집안 곳곳에서 아버지의 빈자리가 많이
느껴진다. 그래서 집에서는 이전보다 더 큰 소리로 말을
하기도 한다.
   오늘은 서둘러 일을 보고 나서 아버지께서 잠들어 계신
산소로 향한다. 아버지의 묘소에 이르자 나도 모르게
눈물이 흘러내린다. "아버지!" 혼자 조용히 인사를 드리고
한참 동안 앉아 있다가 나온다.

저녁에 친한 친구를 만나 밥을 먹기로 했다. 편한 친구를 만나자 아버지에 대한 이런저런 얘기가 절로 나온다. 친구와 헤어진 후 지친 몸과 마음을 이끌고 집으로 향한다. 집 문을 열자 "아빠!" 하며 딸이 내게 달려온다. 활짝 웃으며 내게 달려오는 딸의 모습을 보자 하루 동안 있었던 복잡한 생각들이 다 사라지는 듯하다.

집필

이정희 경희대학교 교육대학원 외국어로서의 한국어교육 전공 교수
　　　　　문학 박사

김중섭 경희대학교 국어국문학과 교수
　　　　　문학 박사

조현용 경희대학교 교육대학원 외국어로서의 한국어교육 전공 교수
　　　　　문학 박사

김성용 경희대학교 국제교육원 강사
　　　　　경희대학교 국어국문학과 국어학 박사 수료

권오희 경희대학교 국제교육원 강사
　　　　　경희대학교 국어국문학과 국어학 박사 수료

안도연 경희대학교 국제교육원 강사
　　　　　경희대학교 국어국문학과 한국어학 박사 수료

김세화 경희대학교 국제교육원 강사
　　　　　경희대학교 국어국문학과 한국어학 박사 수료

초판 1쇄 발행 2019년 6월 1일

지은이 이정희, 김중섭, 조현용, 김성용, 권오희, 안도연, 김세화
펴낸이 박민우
기획팀 송인성, 김선명, 박종인
편집팀 박우진, 김영주, 김정아, 최미라, 전혜련
관리팀 임선희, 정철호, 김성언, 권주련
펴낸곳 (주)도서출판 하우

주소 서울시 중랑구 망우로68길 48
전화 (02)922-7090
팩스 (02)922-7092
홈페이지 http://www.hawoo.co.kr
e-mail hawoo@hawoo.co.kr
등록번호 제475호

값 13,000원 (MP3 포함)
ISBN 979-11-90154-17-8 14710
ISBN 979-11-90154-12-3 (set)

＊이 책의 저자와 (주)도서출판 하우는 모든 자료의 출처 및 저작권을 확인하고 정상적인 절차를 밟아 사용하였습니다.
　일부 누락된 부분이 있을 경우에는 이후 확인 과정을 거쳐 반영하겠습니다.

＊이 책은 저작권법에 따라 보호받는 저작물이므로 무단전재와 무단복제를 금지하며,
　이 책 내용의 전부 또는 일부를 이용하려면 반드시 저작권자와 (주)도서출판 하우의 서면 동의를 받아야 합니다.

🎧 **MP3 다운로드** www.hawoo.co.kr 접속 후 '자료실'에서 다운로드